保育問題研究シリーズ

子どもの生活と長時間保育

生活のリズムと日課

全国保育問題研究協議会 編

編集委員 河本ふじ江・河野友香・清水民子・清水玲子
横井洋子・渡邉保博

新読書社

『保育問題研究シリーズ』の刊行にあたって

現在、全国でおよそ一八〇万人の乳幼児が保育所で、二〇〇万人の幼児が幼稚園で、集団保育を受けています。

その子どもたちの日々の生活と、発達を保障する保育・幼児教育の仕事は、今日の社会情勢と、児童福祉・教育の制度・行政条件のもとで、きびしい局面にたたされています。

私達は歴史の要請である保育の社会化を、乳幼児の健康な生活と全面発達の保障、共に生きる世代の連帯を育てる民主的な集団づくりと結びつけて、科学的に追求してきました。近年の託児企業の進出による商業主義的育児サービスの普及によって公的保育が危機にたたされている現在、「保育とは何か」「子どもたちのために保育者は何をしなければならないのか」をあらためて各方面に問いかけ、未来に生きる子どもの権利を守る保育実践を、私達は保育界に提起していく決意です。

保育問題研究シリーズは、全国保育問題研究協議会の結成以来二十数年の歴史をかけてきずいてきた各地の保育実践に根ざした研究成果を、現時点の課題にたって整理しなおし、研究会内外の保育関係者の討論に供するべく編まれたものであり、私達の到達点と同時に出発点でもあります。みなさんの御批判を受け、さらによりよいものにしていきたいと願っています。

一九八八年三月　全国保育問題研究協議会常任委員会

目　次

文中写真提供　かわらまち保育園・かわらまち夜間保育園

◆はしがき◆

長時間保育と子どもの生活リズム

一．保育時間の現状

二〇一六年度　厚生労働省調べ「多様な保育（国庫補助）事業実施状況」に挙げられている「延長保育」と「夜間保育所」の箇所数・児童数は以下の通りです。

延長保育　　二五、〇八七ヵ所

利用児童数　一、〇一三、二〇〇人（二〇一七年三月三一日現在）

夜間保育所　　八一ヵ所（二〇一七年四月一日現在）

さらに「開所時間」の詳細は、二〇一六年度、厚生労働省調べ（一〇月一日現在）により、表1

の通りです。

この資料からいえることは、

・開所時間一〇時間半以下の保育所は計四九〇ヵ所（二・一パーセント）と僅少である

・したがって、現在も児童福祉法に残る「原則として八時間」という保育時間の規定はほとんど意味をなしていない

・「標準」（延長なし）十一時間域の開所は約三分の一にあたる保育所が該当する

・「延長保育」補助制度の対象となる十一時間半（三〇分延長）～十二時間（一時間延長）が最多で過半数を占める

・十二時間超が十三パーセントを占める（このなかには十五時間、夜間二二時まで開所する園が含まれると考えられるが、実時間を回答する時間刻みの選択肢がないので不明である）

・現在の保育所の保育時間帯のモデルは十二時間とするのが適当であろう

などです。

開所時間は保護者が保育を利用できる時間帯であって、子ども一人ひとりが保育所で生活している時間帯とは異なりま

表1　保育所の開所時間（厚生労働省調べ 2016.10.1 現在）

開所時間	9時間以下	139（0.6%）	
	9時間超9時間半以下	65（0.3%）	
	9時間半超10時間以下	261（1.1%）	
	10時間超10時間半以下	25（0.1%）	
	10時間半超11時間以下	7,289（31.7%）	
	11時間超11時間半以下	691（3.0%）	
	11時間半超12時間以下	11,538（50.2%）	
	12時間超える	2,991（13.0%）	（回答総数 22,999）

注）回答総数に対する比率は筆者の計算による

す。しかし、通勤時間の長さや残業の発生などで、開所時間いっぱい保育所ですごす子どももいる、どの時間帯も子どもの生活時間でありうることを前提に保育の一日のプログラムは組み立てられる必要があります。

子どもの保育所在園時間を推定できる資料は、表2です。

登園時刻は八時台に六〇パーセント強が集中しており、その前後の時間帯にそれぞれ二〇パーセント近くが登園するので、この時間帯以外はコンマ以下となるという、日本社会の朝の時間のライフスタイルの特徴が反映されているようです。

降園時刻は登園時刻に比べてばらつきが大きいようですが、十六時から十八時台までに七〇パーセントが降園します。利用者の職業などに立ち入ることはここではできませんが、母親たちがパートタイム就業という利用者層が想定されます。十八時以降の利用者が十三パーセント、十九時以降

表2　保育所等利用世帯の保育所等利用開始時刻と終了時刻（厚生労働省，2018.9）

終了／開始	総数	〜7：59	8：00〜8：59	9：00〜9：59	10：00〜
総数	100.0%	19.5%	61.1%	19.1%	0.3%
〜15：00	1.8%	0.2%	1.1%	0.5%	0.3%
15：01〜16	14.8%	0.9%	（7h）8.9%	（6h）4.9%	0.0%
16：01〜17	30.5%	（9h）3.0%	（8h）20.0%	（7h）7.3%	0.1%
17：01〜18	38.9%	（10h）9.8%	（9h）24.0%	（8h）5.0%	0.1%
18：01〜19	13.0%	（11h）5.2%	（10h）6.6%	（9h）1.1%	0.0%
19：01〜	0.9%	（12h）0.3%	（11h）0.4%	（10h）0.1%	0.0%

注）（　）内数字は概算保育時間；出典：2015年地域児童福祉事業等調査結果の概況

保育所等利用世帯調査：調査対象数19,458；回収数16,822；回収率86.5%；有効回答数16,822；認可保育所の他、各種保育事業を含む；全国より層化無作為抽出50分の1の保育所の利用世帯の2分の1を客体とした

「月刊・保育情報」，No.505，2018年12月号掲載資料より引用

は一パーセントに満たないという数字は、私たちがこれから検討していく保育所の実情との隔たりを感じないわけではありません。

この調査資料から、子どもの在園時間を大ざっぱに算出してみると、六時間以下は六・八パーセント、約七時間は十六・五パーセント、約八時間二五・九パーセント、約九時間二八・一パーセント、約一〇時間（超）十六・五パーセント、約十一時間（超）五・六パーセント、十二時間（超）〇・三パーセントとなります。最も多いのは九時間、ついで約八時間、両方をあわせて過半数となります。

表1の資料とあわせると、保育園の保育時間の典型は十一～十二時間開園し、その時間帯の保育プログラムを用意し、そのなかで子どもたちはそれぞれに八～九時間をすごすということになります。とくに午前中は一〇時までには「みんなが登園」して、以降午前中は「そろって活動する」時間という慣習ができあがっているととらえることができます。

二　長時間保育の日課と子どもの生活リズム――「保育時間と保育内容」分科会から

子どもたちが保育園ですごす時間は、平均でも一日約九時間、さらに長時間になる子どもたちも少なくありません。このことを知ると「子どもがかわいそう」、「家庭が子育ての責任を果たしていない」との声があがることもあります。しかし、こうした現実は、親たちの「働き方」にあり、近年の「働き方」改革においても、家庭生活時間が十分に取れる状況には至りませんでした。

そして、私たちは「子どもたちがかわいそう」の思いにとどまりたくはありません。

全国保育問題研究協議会が毎年開催してきた「全国保育問題研究集会」には一九七二年当時の世話人代表・宍戸健夫さんの発案により、分科会「保育時間と保育内容」を設け、長くなる保育時間を子どもたちが居心地よく健康にすごせる保育内容を考えあってきました。夕方のおやつはどのような質・量であれば、帰宅後の夕食に影響しないか、夕方のおやつを用意しないなら「三時のおやつ」をどう工夫するか─食生活のリズムをめぐる、この話題は現在もくりかえし、つきることがありません。

「早寝、早起き、朝ごはん」は、日本社会では理想とされる生活規範であり、数年前には、教育界と父母の団体・地域団体が大運動を展開したこともあります。保育界でもこの価値観の根強さは否定できません。けれども、「早寝」のためには、子どもたちは「わが家」の「自分のお城・自分のお宝」でのあそびをゆっくり楽しむ時間を奪われなくてはならない実情があります。「夕食」「おふろ」「寝る」という夜の生活活動をせかす親、せかされる子、ともにストレスをためこむ日常があります。

夜間を保育園ですごし、夕食をすませ、入浴もすませ、家に帰ったら寝るだけ……の生活が子どもの健康上からいえば利点があるのではないかというのは、現在の共働き家庭の夜の生活のさまざまな「無理」を考えあわせると逆説的な実状ともいえます。

保育の長時間化は、保育労働の条件をも大きく変えてきています。夜勤や時間差勤務のある他の職場に比べても、勤務シフトは複雑、かつ延長時間帯は需要の増減に対応しなければならないという、運営・人事管理・保育行政の問題までが立ちはだかるのです。
「よい保育、子どものためによい生活をつくりたい―そのために子どもの二四時間と向きあってみよう」と志した分科会ですが、かかわってくる問題は果てしなく広がりました。

戦前からの先達、故・畑谷光代さんが何度か分科会に出て、話しあいを逐一聴いたのち、「何時まで延長すればいいのかしらね」とつぶやかれたことがあります。彼女がかつて戦中に携わった「疎開保育」との重なりを思い浮かべられたかもしれません。親たちのぎりぎりの生活をぎりぎりの条件で支える保育者たち。しかし、子どもたちには「楽しい生活を」「自分の楽しみをつくりだせる生活の場を」と願って続けてきた保育実践を記録にしました。

三．本書の構成について

第Ⅰ部では、名古屋市で認可「夜間保育園」としてスタートし、現在は昼間の保育園と夜間保育園を併設している「かわらまち保育園・かわらまち夜間保育園」の保育を紹介します。同園は、分科会に一九八七年以来、数多く提案、「夜間保育」の問題を中心に、分科会の討論に大きく寄与してきました。早朝七時から深夜までの保育につきまとう矛盾や困難を園の運営や保育形態の改革で前向きの解決にとりくみ、二〇一二年には、現在の保育形態―異年齢・保育時間帯別のクラス編成をスタートさせました。保育時間帯のちがいによって、子どもたちの生活の組み立てをどう工夫するかを考えるために、同園の「分科会提案」に園内外で発表された記録も用いて再構成したものです。

第Ⅱ部では、「保育時間と保育内容」分科会の「提案」と討論内容（「分科会報告」による）の概略を紹介します。分科会は四七回開催され、各地の保育問題研究会からの提案は一一三件に上りました。紙数の都合で多くの貴重な提案を活用できなかったことは残念です。

第Ⅲ部は、本書の問題意識を深めるために五つの研究視点から寄稿をお願いしました。

第一章は、発達心理学の立場から、子どもの時間認識の発達について吉田真理子が、第二章は、教育学の立場から保育計画の一環としての日課あるいはデイリープログラムについて渡邉保博が本書の趣旨にもとづいて執筆しました。第三章は、藤井修による二〇一四年執筆の保育新制度批判論文の一節としての「保育所運営から見た保育時間」論に加筆したものです。第四章は、保育労働に関して、岡本憲明による「保育労働」分科会への提案と最新の調査資料である愛知県での調査にもとづく箕輪明子論文からの引用により、分科会運営委員が構成しました。第五章も分科会運営委員による作業として、国のガイドラインである「保育所保育指針」などにおける「生活のリズム」の記述、取り扱いを検討したものです。

（文責　清水民子・河本ふじ江）

第Ⅰ部

早朝から深夜までの保育園

かわらまち保育園・かわらまち夜間保育園のケースワーク

朝７時から深夜１時までの保育を
つくりかえ、つくりかえ、
子どもたちといきいき生きる記録

◆第1章◆

かわらまち保育園・かわらまち夜間保育園の朝・昼・夜

はじめに——園の概略

共同保育からスタート、夜間保育で認可を

一九六四年、名古屋市中区に設立された「瓦町共同保育所」が前身です。一九八六年に夜間保育を開始、一九八九年、認可「かわらまち夜間保育園」を開園する過程で、愛知県で最初（一九六二年）の共同保育所（池内共同保育所）から認可された「池内わらべ保育園」の姉妹園となりました（社会福祉法人・池内福祉会が運営主体）。

全国保育問題研究集会の「保育時間と保育内容」分科会に「瓦町共同保育所」として保育実践

が提案されたのは一九八七年（第二六回）で、「深夜一時までを共同保育で」という内容のインパクトは大きなものでした。その後、一九八九年にも瓦町共同保育所としての提案があり、一九九〇年からは「かわらまち夜間保育園」として、数多くの提案を寄せてきました。かわらまち夜間保育園から分科会に投じられた討論課題としては、「夜の時間を楽しむ活動」の工夫と「活動の山場を午後に」の試みが画期的でした。

活動の山場を午後に

とくに後者は、保育日課の主流が午前中に「主活動」をおき、身体的運動量においても、精神的集中の度合いにおいても、子どもたちの持てる力を発揮させ、その後には休憩（午睡）や自由度の大きい活動で発散させるというリズムを基本としてきたことから、夜間への延長保育が普及するようになった時代においても、「特異な主張」と受けとめられたかもしれません。

かわらまち夜間保育園自体、午前七時から開園している、子どもたちの午前の活動も重視し、実践してきた保育園です。子どもたちの登園時間の実情に合わせて、朝の会の開始時間、午前の散歩などのスタート、昼食や午睡の時間など、日課のさまざまな手直しをはかってきました。当初は、〇歳児クラス、一、二歳児クラス、三、四、五歳児クラスの編成で、それぞれの超長時間の園生活を送っていました。

異年齢・保育時間帯で編成するクラスへ

二〇一一年に、かわらまち保育園（昼間保育園、二四時までの延長保育実施）とかわらまち夜間保育園とに分割、併設園となり、二〇一二年度よりクラス編成方針を大きく変えました。朝早い登園、やや遅い登園で夜間を含む時間帯への昼間・延長保育の二クラスを一～五歳の異年齢で編成、夜間保育の一～五歳児、異年齢の一クラス、〇歳児クラス、あわせて四クラスが、それぞれの生活空間をもちながら、随時交流しあい、共同活動しながら、登園直後の気分の動揺をていねいに受けとめ、登園や降園でおとなの出入りの多い時間帯に子どもたちの気分が乱されるのを避ける、生活づくりを工夫しています。その経過の詳細は、第二章で述べられますが、本章では、まず、各クラスの生活の流れを紹介します。

（河野友香）

一．あさがおクラスの生活の流れ

朝の会で話しあい、主活動へ

ほぼ同じ時間帯（朝の時間）に登園する「あさがおクラス」では、九時三〇分からの朝の会で、今日、どんなふうにすごしていくのか、子どもたちと（幼児を中心に）計画をつくります。話しあいのなかで、子どもたちのほんとうの願いが出され、周りの友だちがどう感じているかを知り、自分のことをどう思っているかを語るなど、子ども同士が言葉で伝えあえるような場にしていきたいと考えています。

あさがおクラスは、午前中をあそびこむ時間帯とし、あそびや活動の内容にあわせて、グループ分けしたり、異年齢の小集団をつくり、そのなかで子どもたちと話しあいながら、あそびを広げていきます。

食事のお手伝い

幼児たちは、一、二歳児の食事の準備を手伝います。四歳児などは、周りのことがよく理解できるようになり、やってみたいけれど、できないかもしれないという心の葛藤をもつ時期をむかえます。そうした時、乳児たちをお手伝いして、心もほっとおちつくことができ、頼りにされる自分を、自分自身で感じるなかで、次へ進む力をもらっていくこともあります。

夕方のあそび

おやつの後は、一、二歳児と三、四、五歳児に分かれたり、ひるがお組と調整して、散歩、屋上でのあそび、室内あそびを計画します。

表1　あさがおクラスの生活の流れ（2014年提案補足資料）

時間	活動
7：00	1，2歳児はひるがお組の部屋
	3，4，5歳児はすずらんの部屋
9：00	1，2歳児はおやつ
9：30	朝の会
10：30	主活動
11：30	昼食
12：30	1，2歳児午睡（～14：30）
13：00	3，4，5歳児午睡（～15：00）
15：30	おやつ
18：30	夕食
20：00～	以降はひるがお組と合同

二．ひるがおクラスの生活の流れ

ひるがおクラスの子どもたちは、毎日の保育時間が一定せず、さまざまであったり、日祝日保育利用などで平日にお休みだったりと、全員で集まることが難しいです。

したがって、ひるがおクラスでは、いろいろな時間帯に焦点をつくり、このクラスでなら、一人ひとりの要求を少しずつ実現させていけるんだという安心感がもてるように、くりかえし子どもたちの要求を聞き、他のクラスとも連携して、同じ時間帯のなかで、散歩に行くグループ、部屋であそぶグループと、要求により活動を分けてすごしてきました。

ときには、クラスでいろいろなパーティーやクッキングも取り入れて、「みんなでできたね」という活動も企画するなかで、子どもたちの生活の見通しをつくってきています。日々、保育者が子どもたちの要求を受けとめてきたことで、少しずつ子どもたち同士が受けとめあう関係に変化してきています。

表2　ひるがおクラスの生活の流れ（2014 同上資料）

時間	活動
7：00	あさがお組と合同
10：00	朝の会
11：00	主活動
12：00	昼食
13：00	午睡（～15：00）
15：30	おやつ
18：30	夕食
20：30	入浴（火・木・土）
～24：00	

三．ゆうがおクラスの生活の流れ

ゆうがお組はこんな組

一歳児五人、二歳児五人、三歳児四人、四歳児七人、五歳児二人の合計二三人（二〇一六年度）の異年齢クラスです。登園は十一時からが基本ですが、朝早く登園する子もいれば、十二時をすぎてから登園する子もいます。ほとんどの子どもが夜二〇時以降まで保育園ですごします。

ゆうがお組の一日―主活動を夕方に

朝の生活　十一時から十一時三〇分ごろにだんだんと子どもが揃ってきます。近くに散歩に出かける、三輪車に乗るなど、好きなあそびに分かれてすごしています。一歳児は少し早めのリズムですごすようにしています。

昼の生活　登園時間から昼食までの時間が短いため、その時間にあそびこめるように、昼食時は当番活動を行っていません。自分たちで昼食の片づけを行った後は、着替え、歯みがきをしてみんなで絵本を読み、昼寝に向かいます。

夕方の生活　みんなが足なみをそろえてスタートできる機会を設けるため、「朝の会」に代わる「夕方の会」をしています。散歩の行き先を話しあって決めたり、取り組みに分かれたり、ゆうがお組の主活動の時間です。

表3　生活の流れ（ゆうがお組1日の過ごし方、2016より）

時間	活動
午前中	少しずつ登園。昼間クラスと一緒に1階ホールですごす。
10：00	ゆうがお組の部屋（2階）へ移動。担任2名；子ども3~7人。
11：00	保育者3名
11：30	子ども7~14人。部屋、ホール、屋上、園庭でのあそび
12：00	昼食の準備。乳児、登園の早い子から食べ始める。子ども15人。
~12：30	昼食へ、子どもたち各自気持ちを切り替え、食べ始める。 食後は食器の片づけ、歯みがき、着替え。眠い子は寝る部屋へ。 眠くない子は絵本を読んですごす。子ども19~21人。
13：00	保育者3~4名。
~13：20	ほぼ全員、食器片づけ、歯みがき、着替えが終わる。
13：30~	紙芝居を読み、寝る部屋へ。
14：00	午睡。保育者2名。
15：00~	おやつ。起きた子から食べ始める。保育者3名。
16：00~	おやつ食べ終わり、夕方の会の準備。保育者4名。
16：00	夕方の会。散歩に出かける。散歩に行かない子は他クラスとあそぶ。
~17：50	散歩から帰り、足、手を洗う。紙芝居・絵本。降園1人。保育者4名。
18：10	登園1人（子18~22人）。夕食の準備。食べ始める。
18：30~	2人降園。
~19：00	ほぼ全員食べ終わる。子16~18人。保育者4名。
19：20~	昼間クラスと合同。
19：50~	お風呂の日（月・水・金）は帰る準備。 乳児と入りたい幼児から入浴（1階）。子15~17人。
20：10~	入浴全員終了。入浴後、歯みがき。子6~15人。
20：45~	寝る子5~15人。紙芝居を読み、寝る部屋へ。
21：00	就寝。寝ない子2~4人はお迎えを待つ。保育者2名。
21：30	
~22：00	降園2人。保育者1名。

（参考）ゆうがお組担任の勤務時間

10：00~18：00：休憩14：00~15：00

14：00~22：00：休憩17：00~18：00

17：00~25：00：休憩23：00~24：00

夜の生活　夕食時、一・二歳児は「お手伝い」、三・四・五歳児は「当番」としてみんなで準備をしています。食べ終わった子どもから自由にあそびます。その後は帰る用意を自分でして、お風呂に入り、就寝に向かいます。心地よく就寝してほしいと思うおとなの期待とは裏腹に、夜をゆったりとすごすのはなかなか難しく、子どもたちはとても活動的です。

反面、帰る準備の時間には不安が大きくなり、抱っこやおんぶを要求する子が多く、大人への甘えが出てきます。乳児の着替えと幼児の帰る準備が重なることが、おとなも子どもも動き回ることになり、落ち着かない環境になります。乳児と幼児の時間をずらしたり、準備にじっくり付きあえるように保育者を増やして寝る前の不安な気持ちを受けとめられるようにしています。

ゆうがお組での工夫――登園時の受けとめをていねいに

登園は一日の始まりです。長時間の生活を安心して始められるように願い、子どもの受けとめをしています。

家からのモヤモヤした気持ちを引きずったまま、お母さんに甘えたい思いから別れがうまくいかない子、生活リズムの乱れなど、さまざまなことをかかえて登園して、一日のスタートでつまずくことも多くあります。そこで、一人ひとりの子どもの気持ちが落ち着くように、ベランダに出てお父さんお母さんを見送っています。

今まで（二〇一二年度の異年齢・保育時間別クラス編成以前）は、先にほかの子たちが活動やあそびを始めているなかに、登園したばかりではなかなか入っていけない姿や、十分な受け入れができないまま散歩に出てしまい、この気持ちのまま昼寝に向かい、昼寝ができなくて午後の生活に影響が出ることもありました。バラバラに登園してくる時間帯での「朝の会」は父母との別れの悲しい気持ちを引きずったままであったり、会の途中で参加することで子ども同士の足並みを揃えることができませんでした。

「夕方の会」

午睡から起きて、おやつをすませた後の十六時から「夕方の会」を開きます。

時間の少ない朝は、子ども一人ひとりの希望を受けとめていくことは困難です。「夕方の会」にしたことで、子どもたちと時間をかけて話しあうことができるようになりました。子どもたちの意見であそびをきめたり、みんなが揃ったなかで話しあうことで共感しあう関係をもつことができるようになりました。

少人数のグループに分けて

子ども同士のかかわりやつながりから、一～五歳児の固定の二チームをつくっています。

分かれて製作を行ったり、散歩やあそびに出かける際にチーム別に話しあって別々の目的地に行くこともあります。少人数のグループに分かれることで、子どもがより落ち着いて生活や活動にとりくむことができ、話しあいの場面でも、よりしっかり話しあえるようになりました。子どもたちにとって、自分の居場所がわかりやすくなり、保育者にとっても一人ひとりの姿がつかみやすくなりました。
朝の登園時間の幅の大きさからは、登園時間で「はやチーム」「おそチーム」と時間差をつけて分けてあそんでみることにしました。早くから登園している子どもは、遅い登園の子を待つことなくあそびに向かえるようになり、登園の遅い子はすぐに昼食に向かわずにひとあそびできるようになりました。何より、子ども一人ひとりのしっかりとした受け入れができるようになり、多人数が苦手な子も朝から思いっきりあそべるよう工夫しています。

（高橋克典・季刊保育問題研究、二六六号より）

◆第2章◆

異年齢保育を始めたいきさつ

一・保育の見直しをせまられて

子どもたちの気になる姿

ちょうど一〇年前の二〇〇二年度、定員増（三〇→四五名）するにあたり、保育の見直しをしました。そのころ保育のなかで、次のような子どもたちのちょっと気になる姿や保育のやりにくさを感じていました。

一・幼児でも、おとなにばかり「あそぼ、あそぼ」と求める

・何かにつまずいたとき、自分で立ち直れなかったり、立ち直るのにすごく時間がかかってしまう
・幼児で、そこまでいわなくても？ と思うような言葉で友だちにつっかかっていったり、乳児では、同じ発達段階で、同じような要求の子どもたちが、狭い保育室のなかで、かみつきなどのトラブルが続く
・朝早い登園の子とゆっくり登園の子、生活リズムの違う子が一緒に生活するなかで気持ちのズレが生じる

異年齢クラスへの移行を検討―予測される変化

そこで、一歳児から五歳児までの異年齢クラスにしてはどうかと検討しました。それによって予測できる変化は、

①もっと多様で豊かな人間関係がくりひろげられるのではないか
②食べる、寝る、あそぶ部屋が確保できて、一つの空間で食べるために片づけて、食べた後片づけて、あそんで片づけてというようなこまぎれの生活ではなく、ゆったりとすごせ、じっくりあそびこめるようになるのではないか
③小さい子は大きい子を見ながら育っていくのではないか
④保育時間にあわせたクラス構成ができる
⑤異年齢のなかでの当番活動は、ほんとうの意味で人の役に立つ活動であり、大きい子たちが自

信をもって生活できるのではないか

⑥保育計画を立てるのは大変になるが、園全体の子どもたちをみんなで見ていくチームワークの保育がつくれるのではないか

⑦きょうだいのような、けんかもするけれど主張しあいながら相手を思いやる関係ができていくのではないか。同じような発達段階の子たちがいっしょにいることによる、なくてもよいトラブルが減らせるのではないか

⑧父母たちも、五歳までの姿を見通しながら子育てできるのではないか

しかし、一～五歳児の異年齢クラスにするには、施設面や職員体制、幼児の集団づくりや乳児のおとなとの信頼関係づくりなどの不安もあり、一～五歳児の異年齢保育を見こしながら、一・二歳児クラスと三・四・五歳児クラスを、登園時間にあわせて二クラスずつに分けたクラス構成にしました。そして、週一回一～五歳児ですごす日を計画し、一〇年間、試行しました。

二　週一回の異年齢の生活――一〇年間の試行を通して

異年齢の場では、きょうだいのような関係が自然と生まれる

週一回、一～五歳児ですごすなかで、朝の早い時間帯での子どもたちの様子の変化をみることができました。

いつもは自分の世界が強く、周りの子の気持ちになかなか気づけないR児（四歳、現在は五歳）は、毎朝いっしょにすごすY児（〇歳、現在は一歳）のことをかわいがっていました。ただかわいがるだけではなくて、Y児のあそび方や育っていく変化も見ていて、「Yはそんなふうにブロックを渡しても、すぐポイするよ」、「Yはブロックをくっつけてみせてあげるとよろこぶよ」といいます。

また、ある日は、「みてみて、Yすごいんだよ、こんなかっこいい形つくれるんだよ」といって、ただブロックがいびつに重なりあっているものを、ほんとうにうれしそうにみて報告してくれました。

R児のいつもとはちがう姿をみて、「相手の気持ちになかなか気づけない子」と決めつけていたことを反省しました。きょうだいのようにじゃれあったり、膝にのせていっしょに絵本をみたりする姿に、保育者の子どもへのせまい見方をあらためることができた発見でした。

乳児は無条件にかわいい

幼児は、乳児が無条件にかわいくて、お世話がしたくて、それを受け入れてもらうことでお互いに喜びあっています。とにかく甘えられて心地よくすごせるのです。

よちよち歩き出した一歳児が保育者の手を振り払って、顔見知りになった五歳児の方へ靴をはかせてくれともっていく。「イヤイヤ」の時期、保育者だけでなく、ちょっと大きいお兄さんお姉さんに受けとめてもらって、かわいがってもらうことで、一歳児たちの自我が育つと感じます。近くに真似したくなるモデルがいることで、あれしたい、これしたい、自分で自分でと、やれもしないこともやりたがる姿。「みたて・つもり」のあそびも、保育者やお父さんお母さんだけでなく、大きい子たちの姿を見てどんどん広がっていきます。

進級パーティー―四月

おやつの時間にジュースで「かんぱい!」。パンに自分たちでジャムをぬって食べました。その夕方には、**N**(三歳)、**H**(二歳)の女の子で「進級パーティーごっこ」が始まりました。**U**(二歳)、**Y**(二歳)も入ってきて、みんなで「かんぱーい」、「プレゼントでーす」と絵本をもってきたり、同じ体験があそびに発展していくことや、幼児がはじめたあそびに乳児が入ってみたいとあこがれて、いっしょにあそんでいる姿がありました。

この「カンパーイ」ごっこは、今でも一・二歳児のごはんのテーブルで、A児とT児がお茶でやっています。それをみて、M児もいっしょにやっています。

大きい子たちに助けられてできること

一・二歳児だけではできない遠出の散歩やクッキングなど、大きい子たちに助けてもらってできることがあります。保育者も、幼児たちに助けられ、気持ちをゆったりとかまえることができます。各年齢を小集団にしたことで、一人ひとりに目が届き、安心感がもてます。

大きい子に頼るというより、彼らがその年齢なりの力を発揮する機会を与えられているのだととらえたい。異年齢の生活のなかでも発達要求のちがいはみられ、年齢別の活動を組まなくても、あそびによっては、近い年齢の子たちが自然にかたまってあそぶ姿がみられます。

三．登園時間で分ける異年齢クラス編成開始

昼間保育と夜間保育の分割を機に

二〇一二年、夜間保育園のゆうがおクラス（一～五歳児）、昼間保育園のあさがおクラス（登園時間の早い一～五歳児）とひるがおクラス（登園時間が少しゆっくりな一～五歳児）、昼間と夜間混合のつくしクラス（〇歳児）の編成で保育をスタートしました。

保護者に対しては何度も異年齢保育の説明会をひらき、年度末には新しいクラスでの懇談会もひらき、親としての率直な気持ち、不安をぶっつけてもらい、異年齢のよさ、課題を確認しながら、四月を迎えました。

はじめのうちは、小さなトラブルから大きなトラブルまで、何でも「たてわりのせいじゃない？」「前は週一回だったからよかったんじゃないの？」という声もありましたが、毎日いっしょに暮らすことで、子どもたちの姿に少しずつ変化がみられました。

人の役に立つことで、自信をもって生活できる

三・四・五歳児のたてわりのなかでは、当番活動以外のところではなかなかお手伝いをする姿がみられませんでした。

夕食の準備をせっせとする保育者の横で紙芝居や絵本を読んでもらっていて、自分たちの食事にはあまり関心がない。関心がないどころか、あそびがやめられず、なかなか食事に向かえない姿もありました。何か変だなあといつも気になっていたことでした。自分たちのことなのに、食べることが好きな子たちなのに、どうして？　と。

しかし、一～五歳児のたてわりですごすようになり、幼児たちが「やりたい、やりたい」と、食事の場所へ来たがるようになりました。

乳児たちは、幼児より先に食事を食べ始めます。その子たちのお世話をしたくて、みんな自然に集まってくるのです。自分たちの食事の準備ではやりがいを感じられなかったお手伝いも、○ちゃんのためと思うとやる気いっぱいになれる。人の役に立つ活動が子どもたちの意欲を引き出す、あの子がやってほしいといってくれることで自信にもつながっていくと感じます。

四月十一日

魚のおかわりがなくなってしまったのに、まだほしがる二歳児K、三歳児S。そこで四歳児Eが魚のおかわりのお皿を「集まれ」して二人にあげていた。

六月二七日

夕食を先に食べ始める一歳児T、二歳児K。二人のお世話をする五歳児M。Tはトマトが大好きで、トマトばかりおかわり。「もう、全部Tに食べられちゃうよぉ〜」といいながらおかわりを入れてあげていた。

見通しがもてるような暮らしをしてほしい

長年、かわらまち保育園で悩んできた「さみだれ」登園。同じクラスであっても長くて四時間も登園時間が違っているときもありました。一〜五歳児の異年齢保育をめざすなかで、保育時間に合わせたクラス構成をして、同じような生活リズムの子どもたちがいっしょにすごせることができればもっと生活も活動も安定するのでは？　と、登園時間の早いクラスとゆっくり登園のクラスに分けて保育してきました。それでも、朝まだ登園してない子たちを待たないで公園に散歩に出かけることも毎日のようにあり、散歩の帰りには人数が倍になることもありました。

「それでは朝の気持ちの切り替えもできないし、今日の生活の見通しもないまま、ずるずるとスタートしてしまうよね」「朝から登園して夜間まで、保育園で寝ていく子もいるなかで、そんな暮らし方でいいのかなあ」と悩んできました。

プール活動でも、何時までにきてね、とお願いしてもやっぱりその時間には登園できず、プールでは二時間近くを保育者が連携しながら、少しでも楽しめるようにと工夫しながらすごしてきました。

早く登園してね、とお願いするよりも、親との時間も大切にしてほしい。

登園したらいきなり散歩とか、いきなり食事とかではなくて、親とのバイバイをきちんと受けとめて次へ向かってほしい。そのために、自分の好きなあそびで気持ちを切り替えられるような時間を、とクラス構成を保育時間が同じような子どもたちが集まるように、あさがお、ひるがお、ゆうがおクラスに分けることになりました。

ゆうがおクラスは、午前中は、登園してくる時間をゆっくりすごし、活動の中心を夕方十六時～十八時においています。

だんごむし保育園　五月十七日

夕方、金山公園に散歩。大量のだんご虫を見つけて大喜びの子どもたち。大量のだんご虫をベンチの上にのせると、五歳児M、「だんご虫保育園だ！」「お母さんお迎えくるからね」「九時のお迎えでーす」と、ごっこあそびが繰り広げられます。

せっかくなので、持ち帰って育てることにしました。だんご虫図鑑を用意し、気になったことはいつでも調べられるようにしたり、だんご虫の土に水をかける「お当番」をつくり、「だんご虫体操」をするなど、みんなが共通してわかり、楽しめるように盛り上げていきました。公園に行くたびに拾ってきて虫を増やしたり、家で拾ってきたり、だんご虫に対する興味は高まっていきました。

大きい子たちは、「何を食べる？」と、いろいろな食べ物を与えてみることで知識もふくらみます。虫探しが得意な子はどんどん拾ってきて、三歳児R、「Rは虫取り名人だよ」、三歳児Y、

「今日も虫ひろってきたよ」、虫ひろいによって、自信がもててきています。乳児は、身近に虫をみる楽しみや、大きい子をまねて水をあげさせてもらったり、だんご虫に対してのイメージがもてます。誰もがわかるだんご虫という共通体験をクラスで楽しめたことはとてもよかったと思います。

五歳までの姿を見通しながら、五歳児を輝かせるには

五歳児なのに「ごねごね」もよくみられるU児の姿に悩んでいました。こんな姿ばかり小さい子にみせていては、U児が認められないのではないだろうか……と。

六月に参加した「異年齢保育交流会」で、「できなくても失敗しても頑張っていることを認める」、「できることにこだわらない価値観を大事にしたい」と話しあうことができました。あこがれられる五歳児だけでなく、できない姿もみせて「できなくても素敵なんだよ」と認めあえる保育をしたいと気づかされ、気持ちが楽になりました。午睡ができず、夕方から夜にかけてはゴネゴネする姿も多いU児。幼児が少ないこともあり、いまひとつあそびに入れないときもあります。いろいろなアイディアが出せる子なので、得意な分野で輝くUの姿を皆にみせていけたらと思います。

今まで、五歳児ならこんな姿になってほしいと願う気持ちから、年齢で区切って子どもたちの姿をみてしまっていたり、この子はこういう姿が弱さだときめつけて、多面的にみられなかったところもありました。

園全体の子どもたちをみんなでみていくチームワークの保育

二歳児にふりまわされる保育者の悩みはクラス間で共通していました。

かみつきとひっかきが尋常でないペースで出てくるV児。甘えたい時期に妹が生まれ、思いを出しつくせず、園生活でとてもがんばっている印象があります。まじめで簡単には心を開かないところがあり、気持ちは固い方です。行動がダイナミックで、荒々しさもあるので、のびのびやっているようにみえますが、逆にやんちゃをいわない子だな、いえてないなという印象。休み明けは不安定、お腹が空いているとき、朝、午前睡してしまうとき、あそびに入れなかったり、あそびをみつけきれないとき、見通しをもちにくいとき、などなどが出されました。

別のクラスでは、二歳児の激しい自我にふりまわされてしまっていました。少人数の時間帯で、各自の要求を保障しようとしていました。

もうひとつのクラスでは、R児のお母さんから体調の関係で登園時間についての要望。また、M児については、M児の姉H児が園のたてわりでかんばってしまって、家では妹にあたる姿があり、M児をおばあちゃんに預けてお母さんはH児とだけすごす日をつくっています。そのためにM児は園をお休み。

それぞれの親のありのままの姿と要求を受けとめつつ、園で大事にしていることは伝えることにしています。登園がまばらでも安心してすごせるように、それぞれの子のこだわりにつきあい、保育者のいる場が安心できる居場所になるようにと思っています。

同じ二歳児について、三つのクラスからいろいろな姿、考え方が出されて、別々のクラスであってもいっしょに考えあい、保育者同士が共感しあったり高めあったりできるようになりました。

食をつうじて主体的な生活を—ランチョンマットの工夫

子どもたちは生活のなかで、お互いの好きなもの、苦手なものを認めあうことができるようになりつつあります。

たとえば、大きい子たちは、乳児の食事の好き嫌いをよく知っていて、「○○ちゃんは、これを取ったら、このおかず食べられるんだよ」という具合です。

でも、お茶わんやコップがそろっていなくても平気で「みんなそろいました。いただきます」と進めてしまう。ずいぶんたってから「○○がなーい」という。いっしょにくらす相手のことはよく理解し、受け入れていく力があるのに……と首をかしげることがありました。

子どもたちにとってわかりにくい生活なのではないかと、テーブルの位置や食器の置きかたなど、毎日すごす部屋や道具にこだわってみなおしてきました。

食事のとき、ランチョンマットを敷いて、一人ずつのお皿がはっきりとわかるように工夫し、だれがどこに座るか、自分にも他の子にもわかりやすくなるようにしてみました。今まであった場所の取りあいや「(ここに) すわろうとしてたんだけど……」のかんちがいが減り、「○○は××の隣がいいよね」と話しあって、それぞれが自分のランチョンマットを準備します。自分のものがあることで、みえる自分の居場所ができたように感じます。

さらに、自分たちのくらしを自分たちでつくっていこうと、五歳児たちに自分のクラスのお米ときをしてもらい、自分たちでごはんをたいています。水はつめたいし、いやだなあというときもあるけれど、「Hちゃんのつくってくれたごはんピカピカ、おいしい」といわれて、五歳児たちは笑顔ピカピカです。

四．まとめ

長時間保育・夜間保育というと、延長の時間帯、夜間の時間帯のことに注目されるのが一般的かと思います。長時間すごすということ、夜間におよぶまで保育園でくらすということは、どんな姿も出せるようでなければ、安心してすごせる居場所にはなれないのだと思います。

そのために、一～五歳児の異年齢保育にふみきって、子どもたちの姿をみていると、どの年齢の子どもたちもいろいろな姿をいろいろな時間帯で出せるようになってきていると感じます。

ときにより、すてきな姿もあり、グダグダの姿もあります。ダメなところも出せる、安心して出せるから、みんなのためにがんばろうという姿をも出せるのではないかと思います。

親とのかかわりも同じです。夕食もおふろも寝かしつけも全部園で―どこまで受けとめればいいの？と悩むこともあります。

でも、どこまで受けとめるかではなくて、どう受けとめるかが大切だと感じます。

本当に必要だから、お願いしますといってきてくれている。本当に困っているから突然だけどすみませんと頼ってきている親たち。甘えているかもしれないし、親を育て切れていないのかもしれません。でも、今、しっかり受けとめてもらって、次にきちんと子どもと向きあわなくてはいけないとき、そんなときは、しっかり子どもに向かうことのできる親になってほしい。そのために、一つひとつどうていねいに受けとめるか、これからも悩み続けていきたいと思います。

（河野友香）

◆第3章◆

幼児の思いを受けとめて

一．あそびのなかで思いを受けとめるとは？ ──三歳K児のばあい

ゆうがお組とKくん

新しいクラス編成での四年め（二〇一五年度）、夜間クラスのゆうがお組は一歳児四人、二歳児三人、三歳児六人、四歳児五人、五歳児三人、計二一人の異年齢クラスです。

朝早い登園の子もいますが、午前中はゆったりと生活しています。おやつ後に夕方の会、主活動は十六時～十八時で、ほぼ毎日近くの公園へ散歩に出かけています。主活動の後は、夕食～入浴～就寝と長い保育時間のなかであそびと生活をともにしています。

Ｋ児は十八時三〇分から二三時（十一時登園の日も月に何回かある）が保育時間の三歳児です。昼間は「幼児教室」に通っていて、夜間からの登園です。午睡をしていないこと、慣れない園生活、生活リズムで年度初めは泣いてしまうことが多かったのですが、今はあそべる時間も増えてきました。しかし、寝ながら登園してきて、そのままお迎え時間まで寝ている日も少なくありません。登園してきてすぐに夕食という日もあり、静かな場所で食べることを選び、友だちとあそぶより一人でゆったりとすごす時間を好んでいるようにみえました。

八月のお盆休みは、幼児教室が休園だったので、朝から登園し、少しずつゆうがお組での友だち関係もできつつあったのですが、お休みが終わると元の生活リズムにもどりました。毎日の登園ではないので、楽しんでいたあそびも続けることができませんでした。

夕食後、部屋で電気をつけず、カーテンを閉めてあそぶ、「おばけやしきごっこ」（くわしくは次の節参照）が始まります。この時間帯は、あさがお組、ひるがお組とも合同です。ひとりあそびの好きなＫ児が、その様子をみて「Ｋもおばけやしきいってくる」といって加わり、「きゃー」とひたすら走り回って楽しそうでした。お風呂に入ると「寝る子」だとわかって、その時間には泣いているＫ児でしたが、その日は、汗びっしょりになったせいか、「Ｋもおふろはいる」と自分でお風呂の準備をして楽しそうにみんなといっしょに入っていました。

このように、機嫌のよい時間にたくさんあそんで楽しい気持ちを共有することの積み重ねがみんなとの生活を心地よいものにしていくのではないかと思います。

（代田悠貴・季刊保育問題研究、二七八号より）

二．あそびのなかで思いを受けとめるとは？ ―四歳R児のばあい

ゆうがお組のRくん

前年の八月に途中入所したR児は、ゆうがお組での生活一年を迎えています。十二時に登園し、二一時三〇分まで（金曜日は二四時三〇分までの「寝る子」）が保育時間です。

夕方の会などで「〇〇するんだって。わかった？」「Rくんはこれでいい？」と尋ねると、わかっていなくても「うん」と答えてしまうような姿があります。園での体験が少ないため、行事などへの見通しをもつことができるような経験をしてきていません。R児自身がわからないことにあまり困っていないようにも見えました。

ひとりあそびが好きなRくんが散歩に

散歩や動き回るあそびより室内あそび（ブロックや動物遊具を使ったあそび）が好きで、今年度の初めは散歩に行きたいという姿はあまりみられませんでした。ブロックあそびで弟の三歳N児といっしょでも、どこかひとりあそびのようで、友だちとかかわってあそぶ姿はほとんどありませんでした。

夏のプールが終わり、散歩が始まると、散歩の準備をして自然と夕方の会に参加しているR児の姿があり、散歩先ではたくさん身体を動かしてあそんでいます。ライオンの追いかけあそびが

盛り上がると、動物のつもりになってあそぶことが好きなR児は加わって楽しんでいました。散歩先であそぶ仲間と部屋でもかかわる姿が増えてきました。

迷路づくりの発展のなかで

Q児が絵本を立てて道をつくっているのをみて「迷路みたい」と保育者がいったことから大がかりな迷路づくりが始まりました。迷路の道が長くなり、みんなが集まってきて、スタートとゴールを決めて迷路が完成しました。Q児は受付をつくり、店員さんになりました。チケットを配り、迷路屋さんの始まりです。これらを離れたところからみていたU児が「ゾンビやりたい」と保育者にこっそり打ち明けたので、「おばけ迷路にしようよ！」と提案、Q児も「いいよ！」。U児がゾンビ、N児がおばけ、J児、二歳M児、R児がお客さんになりました。ゴールだった階段下の穴ぐらがおばけのおうちになりました。

部屋の電気を消して暗くなると、ゾンビとおばけが出てきて、お客さんが「きゃー」と叫びながら逃げるというあそびから始まり、ゾンビとおばけがおうちに帰る前にお客さんと握手をするように展開しました。それを見ていたR児は「……?」の表情なので、保育者が「おばけさんたち帰るとき握手してくれるんだって」と声をかけると、R児も理解できたのか、その後、握手をするようになりました。経験の少ないR児には保育者の声かけがみんなといっしょに楽しめるきっかけになるのだと実感しました。

（代田悠貴・季刊保育問題研究、二七八号より）

三．子どもが主体って何だろう？——五歳S児とのかかわりのなかで

あさがお組とSくん

二〇一四年度のあさがお組は、一歳児五人、二歳児四人、三歳児四人、四歳児四人、五歳児三人の合計二〇人でした。子どもがいる時間はおおむね七時から二一時ごろまででした。

現在五歳のS児の保育時間は、八時から二一時。お母さんはひとり親で、友人が送り迎えをしてくれることがあります。

お店屋さんごっこに向けて——話しあいの苦手な子も楽しめるように

二〇一四年の冬の「お店屋さんごっこ」にとりくんだとき、私は、子どもが主体って何だろうって考えていました。

これまで何をするにもさんざん時間をかけて子どもたちと話しあいを繰り返してきました。子ども同士が自分たちの事として話しあい、決めていくことが「主体的」だと考えていて、決まるのを長い目で待っているつもりでした。

しかし、日々の積み重ねのなかで、「待っていることばかりがよいのではない」と反省した場面がありました。

S児や他の何人かの気になる子は話しあいが苦手で苦痛に感じていて、話も聞けず、かってに

トラブルを起こしてしまうことがありました。そのたびに先生に怒られて、いやいや話しあいの場にいますが、「やらされてる」と感じながら、「お店屋さん」ごっこや「お祝い会」をやったところで子どもたちは楽しいのか？「主体的」なのか？ 結局、あそびをみんなでやれて楽しかったということより、話しあいが長く、つまらなかったという思いが強く残ってしまうのではないかと考えました。

今回のお店屋さんごっこは今までと違うやり方でやってみることにしました。

あまり話しあいをしないで、あそびのなかで決まっていくように心がけました。

段ボールと枯れ葉のあそび

段ボール箱のなかに枯れ葉を入れて、くす玉のように落とすというあそび、最初は公園で何となく始まり、お店屋さんとは関係ありませんでした。

「これさぁ、赤チームに内緒のおたのしみにしようよ」

「いいねぇ、だったら今度お店屋さんやるから、そのときみせて、ビックリさせようよ」

「それいいねー！」

「でも、この葉っぱ、部屋のなかで使えるの？」

「園長先生に使わせてっていっとくよ」

「それならできるね」

あそびのなかで話しあい、いろいろなことが決まっていきました。

みんなをいすに座らせて、「さあ、お店屋さん何する？」と投げかけていくより、あそびながら、決めていく方が楽しみながら話せるし、おもしろいことがポンポン出てくるし、主体的にあそびを発展、展開していく姿なんじゃないのか？　S児も楽しみながら参加しています。「ここにいたいと思っているからいる」「やりたいと思うからやっている」。S児は何もいわなくても、自然とみんなとあそびのなかにいました。それがうれしいことでした。

段ボール葉っぱからお店屋さんごっこへ

段ボール葉っぱを公園で繰り返しあそんでいて、子どもたちが「花火みたい」「爆発してる」「爆弾」「忍者」など、どんどん「つもり」を肉づけしていってくれました。長時間保育の利点で、お店屋さんに向けて無理なく発展させるチャンスはいつでもありましたが、「この日の活動で製作や話しあいをやろう」と決めても必ずしもできるわけではありません。

S児は話しあいのできない状態のときは、とことんできません。しかし、朝、昼、夕、夜どこかでチャンスがあります。そのチャンスになったのは夜の屋上でした。

夜の屋上で

もともと夜の屋上は、一日をずっと集団ですごすことが難しいS児の「取り出し」の一つとして始まったものです。夜の屋上で、シャボン玉、三輪車乗りなどをしながら、保育者と一対一で心を落ちつかせてすごすための工夫です。

長時間保育のなかにいるのがつらくなるのはS児だけの特別のことではありません。

今日は落ちつかないな、モヤモヤしてるな、気になるな……と思う子には、これまでも少しだけ集団と離れて気分転換するという補助がうまくいっていました。そのことに気づかせてくれたのがS児でした。だんだんと、夜の屋上は、S児と保育者の一対一の場から、ちょっと気分転換したいなって子もいっしょに行って、少人数保育のよい場になっていきました。

チャンスが訪れた夜、屋上にいたメンバーは、S児、R児（五歳）、Y児（四歳）でした。

「箱に色を塗ったら?」

「いいねー!」

「なんか黒の箱、かっこいいよな」

「忍者の箱にしようよ」

「手裏剣とか入れようよ」

「いいねー」

「オレンジはどうする?」

「風船入れようよ」

と四人で話が盛り上がり、どんどんいろいろなことが決まっていきました。

何よりもみんなでひとつのことを楽しむ、共感するということを体験してほしい。「やらされてる感」なく、子どもたちが主体的にみんなで楽しめるお店屋さんにしたい。

お店屋さんごっこ「大成功！」

お店屋さんでは「大成功！」とみんなで笑って、手を叩き、楽しむことができました。

Y児は、次は「どくろの海賊」や「恐竜」の箱もやりたいなあといっています。日常の保育のなかで、またこのあそびをふくらませていきたいと思います。

S児との三年半から

このクラスの担任を三年半してきて、S児の行動、気持ち、困っていることは何かをずっと探ってきました。

たとえば、食事に向かう場面。あそんでいたい気持ちから、なかなか自分で「食べる」と決められないS児。時間がかかっているうちに、ごはんを食べに行く本来の課題から「あれしたい」「これしたい」と離れていってしまう。それだけでなく、やることのない空いた間をうまく使うことができず、トラブルになり、最後は自分が困ってしまう……これをいろいろな場面で繰り返し体験しているS児。そのたびにおとなからは怒られ、友だちを傷つけてしまい、何よりも傷つくのは自分なんだということもS児は知っています。S児のなかには不快感だけがたまり、みんなと生活することがただつらくなってしまうのだと感じます。

ここで気持ちを受けとめていくのはもちろんですが、こうなる前に保育者が事前にできることはたくさんあります。「ごはん食べにいけない」S児の決断を、ワクワクできるような手立てで解決する方法がありました。ほんとうはごはんにないメニューなど特別感を感じられるものを置くことで前向きにいろいろな生活に向かえたのです。

自分だけ特別な物をもっていたら、他の子も「ほしい」。最初はそれで大喧嘩でしたが、だんだん友だちと分けあうことを覚えていきました。みんなも、いろいろやってしまうSくんですが、いいヤツなんだよな……と互いに認めあう関係が成立してきました。S児も、集団って自分にとっては苦手だけれど、みんなのことって好きだな……と思えるようになってきたと感じます。

これからも、子どもが主体になれる生活を子どもたちといっしょに探っていきたいと思います。

（大塚俊明・季刊保育問題研究、二七二号より）

◆第4章◆

異年齢のなかで育つ五歳児の姿から

一.「たいようグループ」のとりくみ

かわらまち保育園では、以前から、三～五歳児クラスのなかで午睡をしなくなった五歳児が別室で、製作などにとりくむ活動がありました。「たいようグループ」は、五歳児グループであり、その活動でもあります。

異年齢保育・保育時間帯別クラスによる保育が開始されてからも、「たいようグループ」の活動を続けています。通常はそれぞれの生活リズム・日課ですごしている三つのクラスから五歳児だけが集まり、子どもたちの思いで「たいようグループ」の時間を共有します。

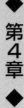

保育者側の「五歳児ならこうあってほしい」の目線でなく、子どもたちの「やりたい」「できる」の思いに添いながら、その姿をみんなで見守り、共有することで、多面的にみていきたいと考えています。

二．子どもたちの「楽しみ」にビックリさせられる

四月になり、私は三クラスから集まる「たいようグループ」の担当になりました。あさがお四人、ひるがお二人、ゆうがお五人。

今年の「たいようグループ」は、昼間園の子は朝早く登園し、夜間園の子は昼前から登園という、生活時間の大きな幅があります。やりたいことで自然に集まってやっていく活動が理想ではありましたが、そうなると会う時間がありません。集まれる日をある程度決めることにしました。そうして、乳児期から生活してきた異年齢クラス以外の同年齢の仲間ができました。

どんなことをやっていこうか？　子どもたちがやりたくないことを「年長の課題だから」とやらせるのもいやだし、集まる日を設定してもいやいや集まるなら気が進まない、と私自身も揺れていました。

しかし、子どもたちは、「たいようさんのあつまりいつするの？」、日程が決まると、「今度の木曜だよね」などと何度も私に話しかけてきます。日常の異年齢クラスでいっしょにすごしてきた去年のたいようグループをみてきて、あこがれをもち、「たいようグループ」のとりくみに思いを

ふくらませて心待ちにしていることがわかりました。そんな姿をみて、私も、子どもたちのワクワクに応えながらたいようグループのとりくみをやっていこうと楽しみな気持ちに変わりました。

三．はじめて集まった日—部屋に入らないD児

「たいようグループ」で集まる日を楽しみに、グループの部屋にやってきた子どもたちですが、ひるがお組のD児だけは、「行かない」といいました。保育者が迎えに行くと、部屋の前まではきましたが、なかには入らず、廊下にいました。

いままでも、新しいことに対して不安を大きく感じやすく、向かいにくかったD児。同じクラスの五歳児E児が長期入院しているため、クラスから一人だけということもあって、この集団に入りにくいようでした。なかに入らないけれど、部屋の前から去ろうとはしなかったので、D児は廊下からの参加でもいいかと思い、話を進めていきました。

四．アイスつくりたい！

三つのクラスは同じフロアで生活していたので、これまでも交流はありましたが、あらためて名前やクラス名などの自己紹介から始めました。次に、好きなものをいうことになったとき、「アイスクリーム」が多かったので、

保「アイスをみんなでつくったら楽しいかもね？」
子「つくってみたい！」
　話が進んだので、保育者がD児につたえにいくと、
D「かき氷は家でつくったことがあるからDもできる」
みんなにD児の思いを伝えると、「かき氷食べたい」と盛り上がり、つくることになり、はじめてのみんなで一致した決まり事になりました。
保「暑くなってから、お泊り会とかで食べられるといいね〜」
子「お泊り会で食べたい！」
お泊り会ではシロップをつくってかけて食べてみようと話が進みました。
たいようグループになったお祝いに「ジュースで乾杯」することになり、
保「何に乾杯する？」
H「お泊り会楽しみだね、かんぱーい！　にしよう」
このように、先の楽しみをもちながら始まった「たいようグループ」の集まりでした。
保「これから集まったとき何かしたいことある？」
子「たいようさんだから遠い公園に行きたい」
子「電車乗って公園に行きたい」
　ちょっと遠い公園や電車に乗って鶴舞公園に行くなど、やりたいことを出して、子どもたちと計画することにしました。

異年齢クラスのなかでさまざまな願いを出して、実現するためにはどうしたらよいか、友だちやおとなたちと考えながらすごしてきました。「たいようグループ」になり、「たいようだからできる」「大きいからできる」と、楽しみや願いがいっそうふくらんできています。

五．自分たちで決めたこと、ちょっと難しいことをやりきる

シロップづくり―お泊り会の前に作ってみよう

プールが始まって間もない日でしたが、子どもたちは「シロップづくり」の日を楽しみにしていて、声をかけるとやる気いっぱいで集まってきました。

D「プールに入りたいからお買い物は行かない。あとでやる」

D児はクラスのプールへ行ってしまいました。他の子たちで歩いて二〇分程かかる八百屋さんへ買い物に行ってきました。

つくりたいシロップのチームに分かれて、皮むきや氷砂糖を計って、瓶に交互に詰めていきます。プールから帰ってきたD児も、すぐに自分が選んでいたぶどうのチームに入って、皮むきを始めました。

異年齢クラスでは、クッキングのときなど、年下の子たちは、「やりたいやりたい」といって始めても、急に「やーめた」となることがよくあります。この日はおとなの手もありましたが、たくさんの作業があり、時間がかかりましたが、みんな最後までやりました。「みんなといっしょに

やるとできる」「たいようさんだからできる」と感じる気持ちが子どもたちの心のなかに芽生え、力になっていると感じます。

六．「たいようだからわかってるよ」

ある日、ひるがお組で、今月の予定をみんなでカレンダーに書き込みながら話していたら、

D「この次寝たら日曜日でしょ。その次にクッキングするってことでしょ。たいようさんだからわかってるよ」

「たいようさんだから」と自信ありげにいったのは初めてでした。シロップをつくってかき氷にかけた後に、

保「ひるがお組でも食べたいね」

D「Dが氷をガリガリしてあげるよ。たいようだから力あるよ」

素直に自分が出せるひるがお組では、たいようグループで身につけたことを自信もってみんなのためにやろうとする姿がみられました。

七．ほんとうはやってみたい気持ちを友だちに押してもらって

運動会が近づいたころ、「たいようさんだけで何かに出てみる?」と聞いてみました。やはり去

年のたいようがやっていた「たけうま」が出てきます。もうひとつは、去年はやらなかった「リレー」。リオオリンピックの影響です。リレーはおとな対子どもチームで競争することになりました。子どもたちで金・銀・銅メダルもつくりました。

F児は竹馬を「やりたくない」といいました。「むずかしいから」。運動会で竹馬をやるとは決めず、やりたい子たちの気持ちには応えて練習を始めました。F児はみてはいます。ある日、練習する子が二人くらいになって、「Fもやってみる?」と聞くと「うん」。

リレーも「走るのが遅いから」というF児に「走り方教えてあげるよ」とH児。友だちに背中を押され、がんばれるF児になっていました。

当日、たいようグループはブラジルの曲とともに、好きな国旗や絵を描いた旗をもって元気に登場し、お母さんたちの前を歩いて回りました。竹馬、リレーも元気にやりきりました。みていたクラスの子たちは「○○がかっこよかった」と自分のクラスのたいようグループを称賛します。

八．まとめ

保育園でいちばん大きくなった自分たちが「たいようになったら○○してみたい!」「たいようだから、○○やるんだ」と、たいようグループで活動することにあこがれて、自らやりたい気持ちをふくらませていく姿におとなもワクワクします。

異年齢クラスで育ってきた子どもたちに、あえて五歳児のみの活動が必要かどうかという問いには、今のところ答えは出ていません。現時点では、かわらまちでの五歳児の活動は、子どもたちのやりたい気持ちが実現できる場の一つでありたいと思います。

（三高真由子・社会福祉法人・池内福祉会四〇周年記念実践集「たねとんで」五一～五六頁より）

第5章

長時間保育のなかでよりよい生活リズムを
―課題をもって研究実践をすすめる―

一・新しいクラス編成であそびこめる生活リズムに（二〇一二年度）

昨年までは、同じクラスであっても、生活リズムの違う子どもたちがいることで、それぞれにあわせて、同じとりくみを一日に二回する、別の日にもするといった工夫をしてきましたが、食事や睡眠のリズムのずれで気持ちがくずれる姿が悩みどころでした。

今年度からは登園時間によるクラス編成となり、子どもたちの生活リズムの幅が小さくなり、一日の流れのなかでみんなであそびこむ時間が保障され、あさがお、ひるがおクラスでは、午前中は乳児・幼児別（発達要求別）であそび、ゆうがおクラスでは夕方は全員が集まる時間帯なので、散歩に行ったり、製作活動、クッキングなどのとりくみの時間にしてきました。各クラス一日の流れのなかであそびこむ時間が確保できたことで、どのようにとりくみを構成するかを課題に、子どもたちが安心して楽しめる保育づくりを考えました。

二．朝・午後・夕方のすごし方を課題に（二〇一三年度）

保育園で長時間すごす子どもたちの園での一日の生活のなかで、課業の時間と自由あそびの時間帯が、朝、夕方、夜と何度もあり、保育の組み立て方に工夫が必要となります。

ゆうがおクラスでは、昨年度は朝の会、夕方の会と節目で集まる方法をとってきましたが、登園時間がさみだれで、先に活動していると、あとから来てあそびに入れない姿や、朝の受け入れが十分でないまま一日がスタートし、気持ちがきりかえられないこともあり、登園してきた子どもたちからグループに分かれてあそぶ工夫をしてきました。

あさがおクラスでは、朝早い登園から夜までの保育時間のなかで、午前中たっぷり活動し、夕方は少しゆったりとすごすような計画で、子どもたちの要求にあわせて、トランプ、かるた、手先を使ったあそびと、身体を使ったあそびに分けて、それぞれを保障してきました。

ひるがおクラスでは、午前中とりくんだ活動を午後もひきつづきとりくんだり、午前中はゆうがおクラスのように受け入れをていねいにし、午後に活動をもっていくなど、それぞれの時間帯でどの子もとりくめるように工夫してきました。

三．クラス移行とクラスづくり（二〇一四年度）

一歳児のクラス移行をスムーズに

毎年、異年齢クラスに新しく加わる一歳児（うみグループ）の子どもたちが、できるかぎり安心してすごせるように、具体的に工夫してきました。

今年は、生活リズムが二回睡眠になっていて、歩行を獲得している子から異年齢クラスへ移行することにしました。一歳児が一度に移行すると、移行させる側も迎える側もしんどさがありましたが、すこしでも少人数でスタートでき、前年度よりも移行がスムーズにいきました。

できるかぎり安心してすごせるようにと、〇歳で関係をつくってきた保育者がいるようにし、他のおとなとの関係も自然に広がるようにしました。そのなかで、〇歳担当職員と二歳以上の子どもたちとの関係づくりの難しさが課題となりました。二歳以上児からは、自分も〇歳児と同じように受けとめてほしいという願いが、新しく加わった職員に強く向けられることがどのクラスでも見られたようです。

クラスごとにあそびの伝承・発展

オニごっこの好きなあさがおクラスは、「ブタとオオカミごっこ」や「バナナオニ」という集団あそびが伝承されています。

ひるがおクラスでは乳児が多く、「追いかけ・まてまて」あそびから「追いかけ隠れ」あそびに発展し、「みたて・つもり」や「ごっこ」あそびが中心の探検ごっこや再現あそびがくりかえされています。

表現あそびの好きなゆうがおクラスは「ごっこ」あそびや歌や手あそびを子どもたちがリードしたり、カルタやトランプなどのゲームを小さい子たちも含めて楽しんでいます。

そういった日々のあそびの繰り返しをつうじて、子どもたちは、自分たちの場所をつくり、クラスのなかでの人との関係をつくっています。そのうえにそれぞれの年齢の発達要求がみえてきて、保育者が計画的に、乳児、幼児、五歳児のとりくみを考え、いろいろな角度から子どもたちの姿をみていくことで、子ども一人ひとりの姿を肯定的にとらえることができるとわかってきました。

給食室との話しあいで食事に工夫

異年齢ですごすにあたり、給食室と保育者で食事についても話しあってきました。成長や活動に必要な栄養分と同じように、みんなで同じものを安心して食べられることの楽しさや喜びは大きいのではないか、除去食、アレルギー食の提供だけでなく、みんなで食べられるものをと実践してきました。

米粉のクッキーやパン、卵や牛乳に頼らない子どもたちの人気メニュー。日本の文化としての和食や行事食をどう伝えていけばよいのかも話題の一つです。

また、保育のなかで、どうしてもこれがいい、自分だけこうしたいという子どもたちの願いに、給食室もていねいにこたえてくれることで、子どもたちは、自分が受けとめてもらった体験から、まわりの子どもたちにも伝えようとする姿もたくさんみることができました。

言葉では伝えられない〇歳児の離乳食では、日々の食べぐあいをみることで、離乳食の形態や味のつけ方も、一人ひとり変化させながら、安心して楽しく食べられるように工夫を重ねてきました。

四．クラスごとの生活リズムをよりよく（二〇一五年度）

子どもたちの登園・降園時間によるクラス分けをし、各クラスのよりよい生活リズムを保育のなかで探ってきました。

あさがおクラスは、午前中をあそびこむ時間帯として、あそびや活動にあわせてグループに分かれる、異年齢の小集団をつくるなどし、それぞれのグループのなかで子どもたちと話しあいながら、あそびを広げていきました。

ひるがおクラスは、登園時間がいろいろで、日祝日の保育を利用している家庭もあり、一人ひとりの要求や疲れぐあいもさまざまで、まず、子どもたちの気持ちをゆったり受けとめながら、子どもたちがやりたいあそびを探り、そこから子どもたちの関係をつくってきました。

ゆうがおクラスは、午前中は一日のスタートの時間とし、ゆったりと受け入れ、子どもたちのやりたいあそびを保障する時間としました。おやつ後の時間帯を活動とりくみの時間とし、散歩に出かけたり、あそびをひろげたりすることにしてきました。

各クラスとも、生活リズムを大事にすることで、子どもたちの育ちの変化がみえてきたことが、保育のまとめのなかで確認できました。

同じフロアに三つの保育室ができ、夕方から夕食後の時間帯、自由に行き来しながら、クラスを越えていっしょにあそぶようになり、自然と子どもたちのあそびの要求でグループができ、これまでとは違うかかわりも生まれています。

このような日々の積み重ねで、午前中や夕方の時間帯であっても、クラスの枠をこえ、子どもたちからの要求でホールでいっしょにあそんだり、各部屋をあそびの内容で分けて、クラス間で交わってあそぶなど、生活空間をうまく使いこなしています。

五．〇歳児の生活づくり（二〇一七年度）

園生活のスタートとなる〇歳児つくしクラスでは、登園時間、降園時間もさまざま、月齢も幅があり、発達も一人ひとり違う、異月齢のクラスです。

今年度前半は、子どもたち一人ひとりの発達にあわせながら、月齢の高い子どもたちの要求をどう受けとめて実現させていくのかが課題となりました。

生活リズムは、睡眠や食事の時間帯を考えるだけでなく、子どもたちの散歩の活動を登園時間にあわせ、午前、食事前、午睡前などに細かく分けてみました。

少人数になり、活動自体はやりたいことを安心してさせることができましたが、同じクラスで別行動になってしまうことによるリスクもあり、そのことで子どもたちが不安にならないよう、自分の次の行動がきちんとわかるように、ついたてやカーテンで視覚を分けることで、安心してすごせるよう工夫しました。

後半の保育では、子どもたちからほんとうにリアルで楽しい「みたて・つもり」の発想が生まれ、おとなと子どもの間で簡単な「かけあいあそび」を楽しめるようになり、月齢の高い子たちを中心に子ども同士でも楽しめるようになりました。また、このような土台の上に、朝夕いっしょにあそんでいる大きい子たちから学んで、再現あそびに発展しました。

子どもたちの今の育ち、今やりたいことを大切に、今の活動をくりかえし楽しむことで、発達の節目をのりこえていけることを実感しました。

（河野友香）

第Ⅱ部

全国保育問題研究集会

「保育時間と保育内容」分科会で語りあってきたこと

「原則８時間」の保育から「延長保育」の充実を求め、48年間、47回、113件の「提案」から問題提起

第1章

分科会の設置への問題意識と当時の「延長保育」

一・「保育時間と保育内容」分科会の設置にむけて――保育時間の組織化を

全国保育問題研究集会の分科会として「保育時間と保育内容」分科会が設置されたのは一九七二年二月、北九州市小倉での第十一回集会でした。分科会創設にむけての問題提起として、全国研究集会に先立つ一九七二年二月発行の季刊保育問題研究三八号（三六～四二頁）に清水民子「保育時間の組織化について」が掲載されました。

保育時間の問題点とデイリープログラムへの注目

―八時間の保育では、母親の労働時間さえ保障しきれない上に、通勤時間が増大している現状では、一〇～十二時間保育は常識的な要求であるといえます。各地域で、各保育所で保育時間延長の獲得は、漸進的になされていっていますが、……保母の残業、増員のないままの時差出勤の実施、パートタイム保母にきりかえての「居残り」保育、……「居残り」保育料が父母負担となる等、保母の労働条件の犠牲と父母の経済的負担、そして何よりも子どもの生活が正規の保育時間とはきりはなされ、「長い待ち時間」として、満たされない、いらいらした、不安な気持ちで一日の生活の貴重な何分の一かを過ごすという形が全国的にずいぶん多いことでしょう。―

延長保育の実情は問題意識の主要な部分ではありますが、分科会の討議の柱の提起は以下の通りで、園での「一日の生活」に焦点をあてた討論が期待されたようです。

①各園のデイリープログラムの実態

②それ（デイリープログラム）はどのような条件（保育所・幼稚園の保育条件、子どもの状態への配慮）にもとづいて決まってきたか

③現状の問題点。それはどのような改善によって克服できるか

視点として、家庭生活を含め「子どもの全生活時間の問題として考えていきたい」―この視点は、その後、多くの提案や討論が「二四時間を見通して」なされていることに受けつがれています。

乳幼児の生活時間の発達的変化と自己意識のめばえ

清水前掲稿では、デイリープログラムを考えるための基礎的な資料として、保育連絡日誌の分析にもとづいて、〇歳からの生活時間の発達的変化を提示しています。

—成長につれて、睡眠量、時間帯とも一定する方向に向かい、一歳前後には回数も時間も決まり、「日課」となります。睡眠時間は食事時間にも影響し、〇歳児は昼食もおやつもばらばらに摂り、日によっても大きな変動を示します。……一歳前後に見られる日課の成立は、集団としての共同生活を可能にします。食事・午睡ばかりか、あそび、散歩などの活動に全員で参加できる基盤をつくりだします。また、逆に、集団の一斉活動に参加する機会が増すことによって、生活時間の変動が少なくなり、日課が安定します。—

さらに、子どもの語りから、自らの生活の見通しの確認や自覚の表現を探ります。

—「オウチカエッテ　ナニスルノ?」と尋ねて親の応答を確認していた時期から「オウチカエッテ　ゴハンタベテ　アソンデ　オフロハイッテ　ネテ　アシタ　マタマタ　ホイクショクルノヤナー?」への変化にみられるように、……このような自覚がなりたつ基盤として、日課の規則性、反復性は重要な要素となるでしょう。—

二　第一回「保育時間と保育内容」分科会の提案と討論

第一回分科会の記録は、季刊保育問題研究三九号、二〇～二六頁に掲載されました。

複数担任二部交代制による延長保育―関西保育問題研究会・大阪府下・H保育所の提案

三年がかりの保育所づくり運動で、一九六七年に開所したH保育所は、当初の保育時間が九時から十七時でした。これでは、地域の労働実態（賃金出来高払い制などで長時間働きたい）にはまったくあわない、保護者にきびしくいって連れて帰ってもらっても、五分もたたずに園にもどってくるので、保育者は帰れません。保育時間延長の運動が始まり、「完全二部交替制」による八時から十九時までの保育を勝ち取ったのは、一九六八年四月でした。

親が安心でき、保育者も責任をもって保育できる態勢が整い、労働条件もよくなりました。家庭では「店屋もの」や「インスタント」の多かった食生活から、「仕事がすんで、買い物に行って、夕食の支度をしてからむかえにきたらよい」といえるようになって、生活の改善にも効果がありました。

早出は八時から十四時半、遅出は十三時半から十九時半の二交替、担任は乳児一クラス六～七名（常時二～三名が保育にあたる）、幼児一クラス五名（常時一～二名が保育）で、十三時半からの一時間を引継ぎにあてています。日誌の整理や保育の勉強のための時間も取れるようになりました。しかし、保育者の子どもを入所させる保育所がない、夜間の会議も多く、労働条件の問題は残っています。

夕方専任の保育者で保育内容の充実を―愛知・岩倉保育問題研究会・公立保育園の提案

夕方専任の保育者は、十一時に出勤し、おやつの買い物と準備、保育の準備をし、十五時半から十八時半まで保育にあたります。

十五時半に三、四、五歳児（常時二〇数名）は遊戯室に混合で集まります。グループがつくられていて、年長児がリーダーになり、子どもたちを呼び集めます。十六時半までのあそびを相談して決めた課題であそびます。

混合保育では、年長児がボスになって支配したり、年少児が年長児の顔色を見たり、ということが起こります。集団づくりの見通しをもって全員がいきいきと活動できるようにとりくむ必要があります。

十六時半になると後片づけをして、十七時になると当番がおやつの支度をして、おやつを食べます。食べ終わると一〇分間反省をして、絵本などを読みます。お迎えは十七時半以降と決めて協力を求めています（あまり早い時間にばらばらとこられても困るので）。

とりくみの成果として、子どもたちが意欲的になり、仲間を必要とするようになり、年長児は課題をもって行動するようになりました。

悩みは、専用の室がないこと（遊戯室を使用していますが、広くて集中しにくい）、おやつ代の予算が少なく、十分なものが用意できないことです。問題点については父母と組合で市との交渉にとりくんでいます。

討論──多様な保育・養育の現場からの声

分科会は盛会でした。公立、私立、無認可の保育園からの出席者多数が、長時間保育の実施状況について報告、病院内保育所等の夜間保育、二四時間保育についても発言がありました。課題として、①保育者間・保育者・保護者間の連携―とくに子どもの健康状態についての連絡（検温・薬の服用・じんましんの発疹など）、②食事（おやつ）、③午睡の問題が多く意見交換されていますが、とくに結論を出すのは難しかったとしています。

幼稚園からの出席者は、現状の四時間の保育は幼児が集中する時間としては「せいいっぱい」と活動内容からの主張と、「教師からの押しつけが多い」という批判が出されています。

養護施設の二四時間の生活についても紹介がありました。

三．保育時間延長を実施する自治体の動向

第一回の分科会で発言の多かったのは、参加者の働いている園の延長保育の実態にもとづく意見でした。それは、園の所在する自治体の保育行政政策ともかかわります。その後の分科会には、保護者の延長要求や保育者労働組合の提起による、園ごと、自治体ごとの保育時間延長の実施経験が提案として数多く寄せられます。内容には立ち入ることが出ませんが、提案団体を列挙します。（　）内は「季刊保育問題研究」掲載号数です。

一九七八年、愛知・尾張保問研「西琵琶町における幼稚園・保育園の実態」（六二号）

一九八〇年、京都・公立「京都市公立保育所の長時間保育の現状と課題」

同年、北埼玉・ゆずの木保育園「延長保育運動」（七〇号）

一九八一年、愛知・西春日井保問研「新川町における長時間保育の歴史」（七五号）
一九八三年、東京・労働者クラブ保育園「父母との協力による長時間保育」（八二号）
一九八四年、兵庫・太陽の子「父母とともにつくりだした延長保育」（八六号）
一九八九年、京都・風の子保育園「保護者とともに保育時間問題にとりくんで」（一一五号）
一九九九年、南埼玉・延長保育研究部会「保育時間の実態調査」（一七六号）
二〇一〇年、京都・朱い実保育園「六時半までの保育から六時四〇分までへの延長」（二四二号）

◆第2章◆

生活リズムへの問題意識と生活調査

一．子どもの生活リズムの実態をつかみ、よりよい日課で保育を

くずれる？　生活リズム

分科会討議が始まった一九七〇年代は、教育界で子どもの生活リズムへの関心が高まっていた時期でした。朝きげんよく起きられない、朝食抜き、午前中ぼーっとして授業に身が入らない、夜寝るのが遅い、などの背景にテレビを長時間みる習慣などの指摘がありました。この分科会でも、健康な生活リズムの重要性が提起され、多くの園や研究会が、家庭の協力を得て、子どもたちの生活実態調査や生活リズムの改善にとりくんだ実践が提案されました。

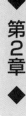

習慣的に日課を組むのでなく、必要性を考えて

また、園での日課をどうつくるかも課題となりました。たとえば、午睡については、三歳以上の幼児のみの保育園で、延長保育を行っていない場合、午睡を日課に組まない、あるいは夏だけにする、寝床を設けず、いすに座った姿勢で机に伏せて……などの形態もあるという実態でした。

いっぽう、積極的な「午睡不要論」もあり、岐阜の中津川保問研からは、「……習慣的に寝かせるのでなく、やりたいことがあれば、午後の時間にぶっ通して続けてもよいのではないか」「四・五歳児は夏だけ、三歳児はプールのはじまる七月からの午睡としている」と提案されました（一九八五年九一号）。

「生活への見通し」をもって安心と意欲を

日課による生活の繰り返しと積み重ねのなかで、子どもたちは「生活への見通し」をもつようになり、安心してすごすことができる、また、自分たちのあそびや活動について「こうしたい」「どこへ行きたい」など要求・意欲が育つことも重視されました。

分科会提案として寄せられた実践

一九七四年（第十三回）京都・山科部会（つくし保育園）「保育時間と保育内容」

名古屋保問研・乳児部会「二四時間の生活全部を考え直す」（四六号）

一九七五年（第十四回）京都・西七条保育園「当番活動におけるデイリーの組織化」（五一号）

一九七七年（第十六回）京都・洛西保育園「保育時間の組織化で子どもの遊びと生活に見通しを育てる」（五八号）
一九七九年（第十八回）愛媛・西原京子「四・五歳児の午睡の問題から子どもの一日の生活の実態とあり方を考える」（六六号）
一九八一年（第二〇回）京都・生活実態調査委員会「子どもの生活実態調査」
浜松・谷中公子「子どもの実態を見なおすことによって保育内容を考える」（以上、七五号）
一九八二年（第二一回）三重・四日市保問研「保育園児の生活実態調査」（七九号）
一九八五年（第二四回）岐阜・中津川保問研「子どもにとって午睡とは」（前掲、九一号）
一九八六年（第二五回）岡山・白鳩保育園「園と家庭が一体となって子どもの全生活を豊かに保障するために」（九七号）
一九八七年（第二六回）岡山・白鳩保育園「確かな発達保障のための職員集団づくり」（一〇三号）
京都・たかせ保育園「すべての子どもの現状をとらえ、すべての親と手を結ぶ保育をめざして」（一〇三号）
二〇〇〇年（第三九回）南埼玉保問研「子どもの生活時間調査」（一八二号）
二〇一四年（第五三回）北海道・札幌市しせいかん保育園「生活リズムづくり」（二六六号）

二、生活実態調査のとりくみ

浜松調査・一九八一年

浜松市内の四つの保育関係団体・組合が乳幼児生活実態調査実行委員会をつくり、公私立全保育園（四八ヵ園）の園児三九九〇人を対象に、アンケート調査を実施しました（回収率八七・一パーセント）。その結果、「生活リズムの乱れ」（睡眠・食生活）、「テレビの見すぎ」「戸外あそび、集団あそびの減少」「虫歯の激増」などがうかびあがってきました。家庭における子どもたちの実態をみなおすことによって、保育内容に求められる改善の方向が示唆されました（七五号）。

京都調査・一九八一年

京都市では「特例保育」制度化の試行開始（公立一九七九年度、私立一九八〇年度）にともない、問題点をあきらかにするために、京都保育問題研究会が委員会を設け、子どもの生活実態調査にとりくみました。調査項目は、子どもの生活時間、健康づくりなど多岐にわたりましたが、提案では、その一部が報告されました。帰宅時間の早い園（夕方五時以降は自宅）の子どもたちは地域に「友だちがいる」（三〇パーセント）が、帰宅の遅い園の子は、近所の友だちは少ない（九パーセント）などの結果が示されています（七五号）。

南埼玉調査・二〇〇〇年

一九九九年「新エンゼルプラン」により、延長保育が推進され、南埼玉保育問題研究会の多くの園でも、平成十一（一九九九）年度は一斉に開所時間延長がスタートしました。アンケート調査は前年の一九九八年に十六園についておこなわれました。

開所時間は七時から二〇時の範囲で平均十一時間三八分。子どもの在園時間の平均は九時間三七分、八時間以上の在園が九三パーセント、二八パーセントが一〇時間以上を保育園ですごしています。

長時間保育にともない、子どもの生活の夜型傾向に懸念の声が寄せられました。睡眠時間は九〜一〇時間未満が約半数で、その前後に集中しています。就寝が二三時以降の子は八七パーセントが就寝しています。就寝が二三時以降の子は降園時間の遅い子に集中していますが、二一時までの早い時間に就寝する子も降園時間の遅い子の四割を超えています。

保育者の「朝食抜きが多い」との声をよそに、「食べない子」は二九七人中一人、「時々食べない子」は十九人でした。しかし、朝、食欲がない子が四二パーセントいます。夕食後の間食は六割近くが「する」と答えていて、家族団らんの時間になっているようで、「父親との夕食」を上回っています。テレビ視聴時間は降園の早い子が長い傾向にあります（一八二号）。

三．個別事例のとりくみ・保護者との連携へ

生活リズムにかかわる最近の提案は個別の子どもの問題を保護者との協力で解決するとりくみが多くなっています（かわらまち保育園、第Ⅰ部参照、札幌・しせいかん保育園二〇一四年など）。

◆第3章◆

延長保育の制度化—主として夕方の保育をめぐって

一．「延長保育特別対策実施要綱」のもとで

「ベビーホテル問題」をきっかけに

公的保育の整備、なかでも必要な保育時間の保障が進まないなか、一九七〇年代には、主として都市部で、無認可の「ベビーホテル」が時間を問わず、宿泊も含めて子どもをあずかる営業施設として増えていきました。安全面からの指摘に始まり、メディアもとりあげ、社会問題化しました。

ついに国会でも取り上げられ、厚生省は一九八一年に「延長保育特別対策実施要綱」を発しま

した。そのような政府の動きを見こして、自治体の「延長保育」施策も前進します。

京都市のばあい一九八〇年――労働組合が推進力に

京都市では一九八〇年度に公立保育所で、翌年度からは私立保育所でも保育時間の延長を実施することになりました。それに先立ち公立保育所の労働組合は、市の保育行政全般に対する要求で交渉しました。

「公立保育所のこれまでの開所時間（八時半〜十七時）は、保護者の強い要望などで、現場では七時半〜十七時半などに実質的に延長され、休憩も取れず、時差勤務も必要になっている、労働条件の実態が職場によって異なる」という問題の解決を要求し、市の回答について、「市内全保育所で長時間保育を実施する方針が出た」「自治体として国への制度化要求を進める」「公立保育所の労働条件は全体で一定整理された」と評価しました。

問題点として指摘するのは、「開所時間を八時三〇分から午後五時までとし、その前後一時間を「特例保育」とするのは長時間保育を子守り的な保育としてとらえている」「保育労働者の子どもの問題にふれられていない」などでした（池田なおみ・季刊保育問題研究、七〇号より抜粋）。

二．エンゼルプラン──「時間延長型保育サービス事業」のもとで

「一・五七ショック」から「少子化対策」へ

一九八九年の人口統計発表時に、「合計特殊出生率一・五七」という数字に社会の目が注がれ、出生数の減少、将来の人口減が憂慮され、高齢者人口の増加とともに「少子・高齢化社会」の到来に対する政策的対応が始まりました。

「少子化」対策は「エンゼルプラン」と呼ばれ、一九九四年、多くの関係する省庁が、子どもを産み育てやすい環境づくりをめざすプランを作成しました。

「延長保育」「夜間保育」についても、厚生省のかかわるエンゼルプランのなかで「特別保育事業」、そのなかの「時間延長型保育サービス事業」として「推進」されます。

この事業については、短期間で準備する必要があったからか、既設の保育所で、すでに長時間保育の実績のある保育所に対して、行政側からの勧奨（補助金などを提示して）があり、行政の実績づくりのチャンスとされたようです。

緊急連絡で急遽実施した大阪・深井保育園

一九九五年二月二五日の緊急連絡で「時間延長型保育サービス事業A型」（十八時〜二〇時）の実施を伝えられ、従来から職場要求もあったので、応じることになりました。「畳のある室」がよ

いだろうと、一歳児保育室を使用すると決め、新しい遊具（ブロック）や絵本を購入しました（西山民子、一九九六年分科会提案、季刊保育問題研究一六〇号より）。

「延長保育」をめぐる議論が活発に

一九九六年の分科会には、深井保育園を含め、三園からの提案がありました。「時間延長型」の制度では、延長する時間によりタイプ分類があり、それぞれに定員、補助金額が決まります。

・福岡・杉の子保育園「時間延長型保育」（A型、B型、特A型　～十九時、～二二時）
・大阪・深井保育園「時間延長型保育サービス」（A型　～二〇時）
・京都・たかつかさ「延長保育」（～十八時三〇分）

次の一九九七年の分科会にも、

・大阪・今福保育園「延長保育事業」（～二二時）と、関連する提案が続きました。

このように、夕方までの延長保育も夜間への延長保育も実施が一挙に広がることになりました。しかし、ひとつの園のなかで、夕方（十九時あるいは二〇時まで）降園の子どもたちと夜間までの保育（二二時まで）の子どもたちがいるばあい、生活日課（主として食事）が異なり、また、保護者の出入りの多い時間の子どもたちの気分の動揺を避ける配慮で、降園時間によりグループ分けして生活圏の分離をはかるという工夫もされます（福岡・杉の子保育園一六〇号）。

三．あらためて夕方の延長保育を考える必要

課題をたてて改善を――京都・たかつかさ保育園、担当者・保育室・補食について改善

延長保育（～十八時半）を始めて四年めを迎え保育者と保育室の固定、補食の充実にとりくみました。

おそ番の先生は誰？　夕方近くになると四歳のM児が延長保育当番の先生を知りたがります。慣れている先生が毎日最後までいるということが、子どもにとっても、保護者にとっても安心です。そこで、延長保育の非常勤保育者を各年齢で固定しました。

保育室　〇歳、一歳、二歳児は他の部屋へ移動することなく、幼児のみ合同で一室としました。

補食の充実　十八時すぎに補食を食べます。市販のせんべいをやめ、帰宅後の食事が二〇時前後になることを考慮し、腹もちのよい献立に変えました。調理室が午後のおやつの後、調整します。

（月）ジャムサンド、クレオパトラメロン、じゃこ、（火）クロワッサンサンド（チーズ・キュウリ）、プチトマト、（水）ホットケーキ、アンデスメロン、じゃこ、（木）カボチャむしパン、サンデーレッドメロン、（金）ゆでとうもろこし、スイカ（ある週の事例）（須藤智代子、一九九六年分科会提案、季刊保育問題研究一五八号より）。

夜間保育と子どもの生活

一・「夜間保育所」と「夜間への延長保育」

瓦町共保、分科会に登場—深夜までの保育を無認可で

一九八七年の分科会に瓦町共同保育所が深夜一時までの保育実践を提案したときは、参加者にかなりの衝撃をもたらしたと思います。その後、「夜間保育所」として認可を受け、第Ⅰ部に現在の保育と「異年齢・保育時間別」クラス編成に至った経過を紹介しています。

瓦町共同保育所が夜間保育の開始にふみきった動機は、周辺の託児企業のひどさ—いわば「ベビーホテル問題」でした。また、当時の提案内容では、「夜だから楽しめる遊び」—夏の花火、夜

店見物―なども、保育内容を考える上での多様性と新たな視点に気づかされる、ということがあったと思います。

認可「夜間保育所」

制度上の「夜間保育所」は、一九九五年制定、二〇〇〇年改訂の「夜間保育所の設置認可等について」により、保育時間は「原則として概ね十一時間とし、おおよそ午後一〇時までとすること」となっています。認可後のかわらまち夜間保育園も基本の保育時間は午前十一時から午後一〇時（二二時）まで、それ以前と以後は「延長」時間としています。「仮眠のための設備その他夜間保育に必要な設備、備品」を備えることと記されています。このような「夜間保育所」は、二〇一七年度には、全国で八一ヵ所（いずれも民営、二〇一四年度には八二ヵ所）あります。

分科会には、一九九〇年、東京のしいの実保育園（二二時まで）の小松ゆり園長（当時）の提案、二〇〇〇年代には大阪・堺のおおぞら夜間保育園（夜間二四時までの保育）から数度の提案がありました。

昼間から夜間までの「延長保育事業」

いっぽう、一般保育所の「延長保育事業」として「夜間保育」を実施する園も多く、分科会では、二二時までの保育（福岡・杉の子、大阪・今福、大阪・こばと、仙台・ことりの家、兵庫・尼崎ひまわり、広島・共立ひよこ、北海道・札幌しせいかん）、二四時までの保育（かわらまち保育園あさがお組・ひるがお組、愛知・たんぽぽ）などの提案が続き、「夜間保育」分科会との印象をもたれるようになったのではないかと思います。

「夜間保育所」と同様、二一時、二二時までの延長保育のばあいは、十八～十九時に「夕食」（給食）を設定しています。そのばあい、園の他の子どもは、降園が十九～二〇時と早くても、保護者の希望があれば夕食を食べることができます。夜間保育園を併設する昼間保育園のばあいも、それが可能です（例、かわらまち保育園。第I部参照）。

現行の「延長保育事業実施要綱」（二〇一五年通知、二〇一六年改正）には、「適宜、間食又は給食等を提供すること」とはありますが、「仮眠のための設備」などは記してないようです（「午睡」の設備はあるので、できないわけではないでしょうが）。かわらまち夜間保育園の就寝予定は二一時、一般に、乳幼児の就寝を二一時を望ましいとする（保護者への助言など）傾向があるようですが二二時降園での帰宅時間を考えれば、睡眠時間は大丈夫でしょうか。第五章で、この問題に触れた提案を紹介します。

二．夜間保育所の実践

東京・しいの実保育園一九九〇年分科会提案より――要約紹介

二二時までの夜間保育を実施。母親たちの職業は、マスコミ、ジャーナリズム関係、ファッション、美容、インテリアなど、いわゆるカタカナの専門職が並んでいます。

しいの実保育園の小松ゆり園長は、「子どもたちが健康なのは、園で三回の食事（昼食、おやつ、夕食）をしているのが大きい」といいます。夕食は十八時（〇歳児は十七時）です。十二時の昼食、十五時のおやつからの間隔を考えれば、最も適当な時間だといえるでしょう。しかも、こんだてには和食系を多く取り入れ、品数、味付けも留意されています。

入浴は夕食前にさせています。これで、帰宅後は寝るだけとなり、親にとっても子にとっても深夜の負担になる日課が片づいています。〇歳児の保育時間は十九時半までとし、睡眠は各自のリズムによっています。一歳以上児は、午睡のほか二一時ごろ以降、必要な子どもには睡眠を取るようにしています。

園の行事としては、クリスマスや誕生日のお祝いを夕食の時間帯に父母もかけつけていっしょにパーティが開けるようにしています。運動会や卒園式のばあいは、十四時で保育を終わり、その後は保護者会で子どもの世話をします。こうして、親と子、親と親のつながりを保育園が仲立ちしています。保護者会は、区への交渉などにも熱心に出かけています。保育園と父母集団の協力の重要性をわかってもらうには、園が子どもたちのためにやっていることを理解してもらう必要があります（清水民子「保育時間要求の多様化と対策の実態」、季刊保育問題研究一二六号、四〇～四七頁、一九九〇年）

仙台・ことりの家保育園二〇〇二年分科会提案より――要約紹介

提案者・田中和子は園長を辞めて延長専任になったまさに「延長保育」をつくってこられた保

育者。二二時までの延長保育で、一歳の誕生日から受け入れているとのこと。ことりの家保育園の延長保育は、一九九九年増築して専用の保育室をもっていることが特徴である。しかも、十九時までに迎えに来る親子の姿に出会わない場所に配置し、子どもはゆったりした雰囲気であそびに集中できるようにしています。そのうえ、台所もあり、家庭的な雰囲気をつくり、たまにはホットプレートで焼きそばづくりなど、楽しみながら夕食を食べています。さらに、子ども専用のお茶わんとお箸が準備され、自分のモノを通して自分の居場所がつくられるようにしています（宮里六郎、二〇〇二年分科会報告、季刊保育問題研究一九七号）。

ことりの家保育園日課

〈十九時までの延長保育〉

十七時三〇分　集まり、出欠を確認

三歳未満児　乳児室であそぶ

三歳以上児　幼児室であそぶ

十八時三〇分　合同でおやつを食べる

〈二二時までの延長保育〉

十七時三〇分　専用室に移動する

十九時〇〇分　夕食

二一時〇〇分　絵本・好きなあそび

トランプ・オセロ

延長保育をめぐる保育内容・保育条件の課題

一．食生活の面から――「補食（軽食）」・「夕食」のありかた

はじめに

延長保育を実施する園が増加するにつれて、討論の話題のひとつに「夕方のおやつ」があがってきます。かつての家庭生活では夕方六時～七時は「夕食の時間」でした。現実に子どもたちの空腹感もあり、お迎えを待つ不安や焦燥感も加わって、粗暴な行動や子ども同士の衝突も起こりやすくなる実態にもかかわらず、夕食の先延ばし（帰宅時間十九時以降の子どもの夕食は過半数が十九時半～二〇時に開始、二〇時～二〇時半開始が四〇パーセントほどです（清水民子・川北典子、二〇

○四、『保育の長時間化と乳幼児の生活構造の変化』科研報告書、平安女学院大学）。

夜間保育（二二時まで、あるいはそれ以降までの保育）のばあいは、夕食は最初から保育内容に組みこまれています。保育時間が少しずつ延長されても「夕方まで」である限り論外であった「夕食」が「保育」のなかに含めて考えられるようになったわけです。

これまでの分科会で討論内容としてまとまっている報告を時期を追って引用してみます。

一九八九年・第二八回集会分科会での討論―「保育内容について」抜粋

―食事の問題についての議論―夕方までの延長保育で夕食を与えるべきかどうかが一つの問題になりました。

・二〇時までなら食事が必要だが、十九時まででは中途半端で夕食の位置づけが難しい
・十五時に手づくりオヤツ、十七時半にバナナ一本など、手のかからないオヤツ、十九時までの子だけを対象には考えられない
・十五時のオヤツをボリュームのあるものにする。別につくることはできない
・昼食の残りでオニギリなど。補食でお腹いっぱいにするのは好ましくないので、家庭で食べられる余地を残す
・（延長実施予定園）最初は汁ものを中心に、徐々に充実させていく方向で。最初から完全給食はできない
・夜間保育の瓦町保育園では昼食の献立＋一品、夜のオヤツとして二十時半ごろ果物

・しいの実保育園（夜間保育）では三〜四品の夕食（一一六号）

一九九六年・第三五回集会分科会での討論―夕食はどうすべき？　生活リズムの工夫

―A型やB型（二〇時、二二時まで）の保育に夕食が不可欠であるのは当然として、A型特例や十八時半までといった保育の軽食・補食については、その必要不必要、量や質をめぐって議論がありました。

もともとその前提には、これが「夕食」ではなく、軽食（金額にして一〇〇円程度のおやつ）という制約があります。「夕食は家庭に帰ってから」というタテマエが通せる時間帯の保育であるわけです。そのタテマエからは、「家に帰ってから夕食が食べられない」ほどの量や質のものを保育園で食べさせるわけにはいかないということになります。

十八時すぎという時間に、この微妙な条件を備えた食物を用意するのは難しい―ちょっと多ければ「夕食の代わり」になってしまうし、ちょっとでは物足りないかも……。いっそのこと食べさせない方が……という意見も出ました。

でも、夕方、お迎えを待っている子どもたちが別室でもう少しあそんでいようというときに一息入れる「ほっこりタイム」の材料として、おせんべい一枚が気持ちをやわらげ、温めるという効果も捨てがたいという意見もありました。―（一六〇号、一一四頁）

二〇一七年・第五六回愛知集会分科会での討論―夕方の食事をめぐって

―十九時～十九時三〇分まで保育する園が多くなっている現状を反映する討論です。

・（補食なし）昼食が「めん」の場合、おやつ（十五時）を「おにぎり」にする
・（補食）簡単なおやつ「せんべい一枚」など
・（補食）「お菓子」から「おにぎり」に変えた。「オナカスイタ」がなくなった
・（夕食）食べない子は別室で保育し、十九時半過ぎるとかわいそうなので「おにぎり」を
・（夕食）家族で食べたい人は希望しないが、十九時半をすぎると子どもは空腹―

―（今回の特徴と課題）参加者の発言の背景となる保育時間帯が昨年までは八時～十九時など十一時間が多かったのが、今年は七時～十九時など十二時間あるいはそれ以上が多くなっているという印象です。夜間保育が求められる社会情勢とともに、多様な働き方と子どもの生活をカバーする保育の長時間化が進んでいると見られます。それにともなって、夕食を園で提供するか、補食として家庭での夕食を基本とするか、子どもの健康と感情（空腹感）に見合った生活リズムと園運営の負担、保護者負担など、かかわる要因も複雑です。

保育の諸問題と合わせて「働き方改革」として「労働時間問題」が問われた今年、家族の権利である「子育てのための時間」を確保してほしいものです。（二一八四号）

分科会提案でも「おやつと夕食」については、どの園も比較的くわしく紹介しています。いくつか例示します。

大阪保育問題研究会・いづみ保育園、二〇〇一年提案より――「食べることを大切に――お腹もちがいい手づくりのおやつを」

――午後のおやつも長時間保育の子どもたちが多いことから、お腹もちがいい手づくりのおやつを、軽食と考え、つくっています。延長保育のおやつも、おにぎりやお好み焼きなど、市販のお菓子ではない手づくりのものを、午後のおやつの片づけの傍らで、調理の先生がつくっています。午後のおやつと重ならないもので、一週間の間に同じものが出ないようにと気をつけ、子どもたちが延長保育の時におやつを見て「ウワーッ」と笑顔になって楽しめるものを心がけています（和田恭一、一八八号、二六四頁）。

仙台保育問題研究会・ことりの家保育園、二〇〇二年提案より「おやつと夕食」

――十九時までの子どもは、十八時半にせんべいと果物のおやつを食べる。

二二時までの子どもは、延長保育専用室で夕食を食べるが、そこには台所があり、家庭的な雰囲気を大切にしている。例えば、茶碗と箸は子どもが気に入った絵柄を選んでいる。時にはいっしょにおにぎりをつくる、オムライス風にごはんを卵で包むなどして楽しむこともある。栄養士が献立を立てて作るが、週一回延長保育士と打ち合わせをおこない、子どもの様子や味つけ、翌月の献立の要望を伝えあう（田中和子、一九四号、二四八頁）。

京都保育問題研究会・朱い実保育園、二〇一〇年提案より「毎日のおやつは給食室の工夫で」

―夏場はお茶を冷蔵庫で冷やしたり、冬は暖かいお茶に、オーブンに入っていた、まだ温かいおにぎりだったりといろいろ工夫しています（山本直美、二四二号、二七三頁）。

二．長時間・夜間保育児の睡眠をめぐる問題

夜の睡眠の問題は、家庭生活の領域の問題でもあり、保育の側でどうとりくむかということについては、討論のなかで大きな話題にはなりませんでした。しかし、「夜型の生活リズム」は多くの保育者たちが予想し、懸念するところで、二章に紹介したように、「生活実態調査」などのとりくみを生むこともありました。

かつて、保育が八時間で終わっていた頃には、午睡をさせない園もあり、保護者も「家で寝てほしいから、園では寝かせないで」と要望する向きもありましたが、現在では昼食後の午睡はすっかり定着しているとみられます。

問題は、降園後の家庭生活で、夕方十九時までの延長保育から帰ると、夕食は早くて二〇時ごろです。食後、すぐ寝ることには、子どもの抵抗があるでしょう。わが家には自分の遊具があり、ひとしきりあそびたい。せかされて入浴し、絵本を読んでもらって寝る、というお決まりコースに乗っても、二二時近くになるでしょう。父親の帰宅は、子どもの夕食前にはほとんどないと思われ、寝る時間に帰ってくると、あそびが再燃したり、なかにはもう一度夜食をしたりと、就寝

の遅い要因となっているようです。

大阪・おおぞら保育園（二〇〇四年）―夜型リズムの悩みを保護者と語りあって―

―「先生、一〇時に寝かせるのは無理や！」夜間保育園の子どもたちは、二〇時ごろからお迎えが始まり、ピークは二一～二二時です。

K児は、二二時ごろのお迎えです。自転車で家に帰り、お風呂に入って寝ようとしても〇時になります。しばらくは夜中の二時、三時に寝る日が続きました。朝十一時過ぎに登園してきても、朝の集りに参加しようともせず、お帳面にシールを貼ることもできず、昼食にも食欲がわきません。ゴロゴロと床に寝転がっていることが多いです。活発になるのは午睡後の夕方です。家では、「お父さんが帰ってくると、布団から抜けだし、ご飯を食べたりあそんだりしてしまう」とのことでした。園での様子を伝えて、お母さんも努力されましたが、一進一退でした。

保育園の嘱託医である小児科医に講師をお願いして、「子どもの健康と睡眠」について学習しました。成長ホルモンは夜寝ている間に分泌されると聞いて、お母さんはショックを受け、「無理やわ」といいつつも、以後、K児が二時に寝ることはなくなりました（岡千加雄、二〇六号、二七六～二七七頁）。

福岡・杉の子保育園（二〇一〇年）の事例―園での夕食や睡眠が子どもの生活リズムを整える

―〇歳から長時間保育を利用していたA児が年長になり、就学前保育が始まり、午睡がなくなった頃、昼の時間にとにかく眠くなり、活動ができない姿が見られていました。身体の面でもアトピー症状を発症しました。

園としては、夜は家庭に帰ってぐっすり眠れることを考え、園ではよほどのことでない限り起きてお迎えを待つことにしていました。A児は園を二二時近くに出て、就寝は二三時近いことが多く、朝は七時半には登園してくるので、十五時間近くを園で過ごすことが続いていました。

A児が卒園してからも、小学校で眠くなり、授業が受けられないことを知り、園としても保育の見直しにとりかかりました、

保護者には生活リズムをつくっていくことの大切さを年度初めのオリエンテーションで伝えました。また、長時間保育で二一時以降までの登録をしている子どもは、二〇時半から園でシャワーをし、絵本を読んでから入眠するなど、早寝のリズムがつくりやすいようにしました。

―B児は〇歳で入園し、バス通園をしていました。十九時までの延長保育の後、バスの時間を待ち、家に帰りつくのは二〇時以降になっており、家庭での生活づくりの難しさを感じました。夜の入眠も遅く、朝早くからの登園で泣きも多く、疲れが見られるB児の様子から、まずは夕食を園で食べる長時間保育の利用を勧めました。夜のすごし方を保護者と考えあったことで、早寝ができるようになり、生活リズムが整えられ、B児も一日を気持ちよくすごせるようになりました（萩原美香、二〇六号、二八四～二八五頁）。

三　生活の場と環境設定

生活の場の移動——大阪・久宝寺保育園二〇一三年分科会討論から

久宝寺保育園の朝の受け入れと夕方のお迎えの場所は九時からのクラス別保育の開始までに時間帯ごとに（朝なら七時～、七時四五分～、八時十五分～）合同保育の場所が変っているが、子どもたちはそのたびに移動するのか？持ち物の整理は？　との質問がありました。——（説明）子どもは登園時間によって決まっている合同保育の室でクラス保育の時間まであそんでいます（低年齢児から順にクラス別保育室に移る）、移動は一回。八時三〇分からは園庭に保育者三人で三～五歳児は合同で受け入れし、九時からクラス活動に移ります。持ち物はクラスの保育室に保護者がもっていって整理しておきます。

夕方は十七時三〇分までクラス別、十七時三〇分から一～二歳児と三～五歳児とに分かれて合同で室内あそび、十八時三十分から一～五歳児合同。

朝夕の室内あそびでは、子どもが遊具を自由に選んでよいが、あそび方の具体的な方向づけについてはペーパーにして担当の非常勤職員にも伝えています。

かわらまち保育園では、三つのクラスがそれぞれの生活圏で過ごし、食事場所、トイレ、入浴もそれぞれ設置されているので、お互いにわずらわされない生活ができます（第五二回分科会報告、二六〇号、一一〇頁）。

畳のある部屋を

大阪・深井保育所では一九九五年、急遽決まった二〇時までの保育（第三章参照）のために、「少しでも家庭の雰囲気が味わえるようにと、畳のある一歳児の部屋を保育室に決めました」（一六〇号）。

専用の部屋の確保は焦眉の課題

福岡・杉の子保育園一九九六年　一九九二年から二二時までの保育を開始、提案を機に保育をふりかえり、「保育園としての課題は何といっても設備の問題である。星ぐみ（十九時まで、軽食あり）・月ぐみ（二〇時まで、二二時まで、夕食あり）専用の落ちついた部屋の確保が焦眉の問題であると、職員会全体で確認し、実現にむけて努力」しています（一六〇号）。

延長保育専用室に移動

京都・風の子保育園二〇〇六年　開所時間は七時二〇分から十九時。夕方の保育は延長保育専用の部屋に移動します。一日平均十五名前後が利用します。「ゆったりほっこり」を基本に、「いつもの場所」で「いつもの先生」と過ごすことで安心できるようにしています。

十七時四五分ごろから延長保育の部屋へ行く準備を始めます。〇歳児組、一歳になった子は汚れものや日誌のコピーを入れた通園かばんを運んで行きます。一、二歳児は自分の汚れもの袋を引きずって移動、ロッカーに袋を入れてあそび始めます。三、四、五歳児はあそび込んでしまうと即移動とはなりにくく、自分であそびに区切りがつけられるまで大目に見るものの、延長の先生は三クラスを走り回ります。十八時十五分からおやつ（二一八号）。

夜間までの延長保育専用室

仙台・ことりの家保育園二〇〇二年　二二時までの保育グループの子どもたちは、十七時半に保育者といっしょに延長保育専用室に移動してあそびます。十九時から夕食。

延長保育専用室は、十九時までに迎えに来る親子の姿に出会わない離れた位置にあるので、子どもはゆったりとした雰囲気であそびに集中できます。毎日利用している子どもには「居場所」として大切になっているようです（一九四号）。

四．夕方・夜間の保育担当の体制をめぐって

夜間専任かローテーションか―保育体制をめぐる二〇一五年分科会の声

夜間の専任職員かローテーションによるかが議論になりました。各園、それぞれの経過と現状による保育（勤務）体制をとっています。意見としては以下のように集約されます。

子どもにとっては、毎晩「知っている人」「頼れる人」がいて安心してすごせるのがよい（とくに〇歳後半の人見知りの時期）。昼間のクラスから保育に加わり（十五時～）、夜間専任で勤務する保育者がいるのがよい（大阪・吹田・こばと保育園）。就寝の時に知っている人がいることが大事、

入浴の時間がかかわりのチャンスです（愛知・かわらまち夜間保育園）。

一方、働く条件としては、深夜勤が続くと保育者の生活リズムと健康への影響があるので、固定は望ましくない。深夜クラス担当勤務は二年くらいで交代します。

運営上の問題としては、夜間専任を引き受けてくれる人が見つかりにくい、補助金を受けるために必要な利用人数の把握の事務が大変、また、その日の利用人数によって、夜間パートの人に出勤の要否、時間を毎朝連絡・調整する作業もあり、負担感は大きいといえます（二七五号）。

一九七〇年からの夜間保育の実績から——こばと保育園二〇〇八年提案から

一九七〇年から二一時までの夜間保育を全国に先駆けて実施、一九九四年、二二時までの延長にともない、正規職員も担当に加わることになり、非常勤二名、正規職員一名の体制で実施してきました。正規職員は十三時半〜二〇時半の勤務を固定でとり、一年交代としました。夜間保育の時間帯は、毎日同じ職員がそこにいることで子どもたちが安心してすごせるように、職員はローテーションをせず、固定にしようと話しあって決めました。

その後、二二時まで正規職員が担うことを話しあい、組合とも協議を重ね、子育てを終えた職員が担当を引き受け、二〇〇五年から実施しています。

日中の保育と夜間保育とが途切れないように、職員同士の連携が大切です。昼間の子どもたちの様子を担任から聞いて夜間保育でお迎えの保護者に伝えて信頼関係を築くようにしています。

職員みんなで子どもの生活を二四時間つかみ、保護者の実態もうけとめ、理解するよう努力しています（中山久美、一二三〇号）。

長時間保育すべてを正規職員の責任で―久宝寺保育園二〇一四年提案から

大阪・久宝寺保育園では、二〇一〇年、民営化を受託して当初から七時から二〇時までの保育です。朝夕は合同保育で、パート・アルバイトの保育者でしたが、三年目のあたりで、反省の声が起こりました。保育計画は午前中のみでよいのか、朝夕はパート保育者のみでよいのか話しあい、二〇一三年、朝夕の保育計画もクラス別週案として担任が月単位でつくるようにしてきました。

また、職員のシフトも見直し、調理や看護職も含めて二〇時までの遅番勤務を組むなど、長時間をすべての正規職員が担当する機会があるようにしました。さらに朝夕の保育の計画を生かし、朝夕の非常勤職員との連携も強めました。変更に消極的だった職員も、保護者と接する機会ができてよかったという声に変りました（松岡純子、一二六六号）。

五．夕方から夜へのあそびいろいろ

夕方遅くまでの保育、夜間保育では、子どもたちの生活を充実させ、また安心してすごせるように、遊具の選び方やあそびを工夫しています。園ごとの提案にもそれらは記されていましたが、ここでは、最近の分科会での話題から紹介します。

異年齢で楽しみ、家庭的雰囲気を

自分たちであそびを考えてあそべる家庭的な保育環境づくり―おもちゃを自由に取り出せるようにし、乳児の安全への配慮など、おもちゃについての「ルールづくり」をしました。夕食後には、異年齢でリズム、異年齢ペアでふれあいあそび、学童と幼児（二歳児も加わって）で「王様陣取り」、夏には「肝試し」「花火」、秋には「お月見」など。それらの様子をビデオに撮って保護者懇談会でみてもらいます（大阪・こばと、二〇一五年、二七二号）。

暗いなか、光を楽しむ

産休明けから二歳児までを夜二一時十五分まで保育しています。夜だからこそできる、子どもたちの好きなあそび―カーテンを閉め、電気を消して、懐中電灯でカーテンを照らすと、「オバケー」とか「オツキサマ」とか見つけて追いかけ、「ツカマエ」ごっこをします。「風船のペープサート」は、いつもは保育者がやるペープサートを夜は子どもたちが演じてみせてくれます（愛知・田代保育園・吉﨑貴恵二〇一七年提案二八四号）。

こんな場所・こんなこと―二〇一七年分科会から

・ショッピングモールの広場―スロープがあり、テーブルやいすがあり、電車が見える、危険場所がない。午前一〇時ごろと午後四～五時に出かける

・大きな建物の階段

・探検―まっくらな室回り。夜の散歩は危険も考えて中止している
・夜間は特別という感じで、おもちゃも自分たちで出してあそぶ
・夕食後は、家庭的な、危なくないあそびを
・カーペットの上に箱を置いてコタツに見立てる
・和室で「こわいお話」。スリルを楽しむ。若い先生が得意
・トランプの「ばば抜き」「神経衰弱」などを五歳児から二歳児がペアになってあそぶ
・与えるあそびばかりでなく、子どもが創り出すあそびを
・興奮させないで、休ませる方向へ（二八七号）

午前・午後・夕方のあそびそれぞれ―二〇一八年分科会から

・午前中は、クラス別に設定された保育として、乳児はわらべうたあそびや布あそびなど、幼児はリズムや集団あそび、指先を使ったあそびなどを行い、午後は四、五歳は合同で散歩に出たり、園庭でのあそびなど、夕方は担当の保育者が考えてあそびます。夜間は専用の遊具があり、静かなあそびが中心ですが、夏は花火や地域の盆踊りを見に行くこともあります（尼崎ひまわり保育園）。
・午前と午後とでは遊具を入れ替えます。
・夜間保育園では、子どもたちが集まるピークは夕方の六時半ごろになります、どの時間帯も子どもが自由にあそびを選べるようにすることを職員間で合意し実践しています（愛知・かわらま

ち保育園・かわらまち夜間保育園、二九三号）。

六．夜間保育と午前の活動

「夜間保育所」の開所時間は「概ね十一時間とし、おおよそ午後一〇時までとする」と「通知」されています。午前十一時からが「通常保育」の開始ですが、実際には、もっと早い時間に保育計画の重点部分である活動がとりくまれているようです。いっぽう、かわらまち夜間保育園（第Ⅰ部）の例に見るように、夜間保育のクラスについては、午後や夕方に「主活動」を設定している場合もあります。

朝の活動を大事にするのは日本の保育文化に根づく価値観であるようです。

分科会では「午前の活動」についてとりたてて議論したことはほとんどありません。実践記録に言及された内容から、考え方を探ってみます。

午前の活動を重視―九時半までに登園

兵庫・尼崎ひまわり保育園の二〇一一年分科会提案（長谷川育美・坂本愛宣「夜間保育に必要なことは……」、二四八号）を要約・引用します。

―共同保育所から二〇〇四年夜間保育園として開園しました。定員五〇名、十一時から二二時が通常保育、七時半から十一時までが延長保育。九時半までにほとんどが登園。九時からクラス別保育に入り、午前中の活動を中心として日課を展開しています。降園のピークは十七時半から十八時ごろと十九時から二〇時です。―

同園二〇一八年の分科会提案（浮田真理・浅野直樹、二九〇号）

―夜間保育園ではありますが、行事（遠足、誕生日会、運動会、発表会など）もあり、集団を大切にするということで、九時十五分から集団保育、クラスの活動が始まります。年齢別の集団保育をしており、特に幼児になると取り組みも増えるので、九時十五分までに登園してもらうよう、お願いしています。―

保護者の就労時間との矛盾も記されています。「お迎えが二一時をすぎ」、「寝るのも遅くなり、朝はなかなか起きられない」「登園も遅くなる日が続」くA児の母と話しあい、「お父さんの協力を得て、お迎えの時間が早い日が増え、朝の登園も早くなりました」。子どもを登園させた後、「仕事までの時間が空いてしまう」が、家事のための時間にもできないので困るというB児の母の悩みもきき、「保育園側の要望ばかりでなく」、「保護者の状況も理解したうえで」、「子どものためにどうしたらよいか」を話す必要があると述べています。

夜間保育児は元気で生き生き

大阪・吹田・こばと保育園（二〇〇八年分科会提案、中山久美「保護者を支え続けた長時間・夜間保育」、二三〇号）

―一九九四年から二二時まで保育時間を延長しました。……栄養のバランスのとれた夕食をしっかりと食べ、余分なテレビを見ることもなくあそび、帰宅したら早く寝る努力をしている家庭の子どもは、元気で生き生きしているように思います。

ただ、夜寝るのが遅くなると、子どもたちも朝が起きづらいようです。それでも遅くとも九時半までには登園するように話をしています―

併設昼間保育と連携して同年齢集団へ「クラス入れ」

大阪・おおぞら夜間保育園（堺市、二〇〇二年開園、二〇人定員、夜間〇時まで）のばあい、併設のおおぞら保育園との連携で、二〇〇三年度には「〇歳児と四歳児は、昼間のクラスへ（「クラス入れ」）、一、二、三歳児は、夜間（園）で異年齢保育」という方針で開始しました（二〇〇四年分科会提案、岡千加雄「夜間保育の子どもがもっと楽しめるように」、二〇六号）。

―四歳児が午前中に登園できる条件が重なって二名の子どもが「クラス入れ」をしました。「条件があうのであれば、大きな集団のなかであそばせてあげたい」とのおもいからです。しかし、途中入園の四歳児一名が午前に登園できず、夜間の四歳児集団をどうつくるか考え、四歳児三名、三歳児四名をイルカグループ、二歳児三名、一歳児二名をペンギングループとして、再編成しました。異年齢集団では、「課題設定に悩む」こともありますが、昼間の保育園に「クラス入れ」をして保育者がローテーションでそのクラスに入るよりも、その子その子の生活全般が、グループ分けするとしっかりと見えてきます。―

◆第6章◆

保育時間をめぐる現代の状況

一．二〇一〇年代前半の保育時間問題――分科会提案と討議から

全国保育問題研究集会が五五回を迎えた二〇一六年には、分科会の過去五年間をふりかえる機会がありました。その記述によって、分科会からとらえた「保育時間」をめぐる問題状況をさぐることにします。まず、寄せられた提案です。

五年間の提案一覧

◇第五〇回山形集会・二〇一一年

・「夜間保育に必要なことは……」（兵庫・尼崎ひまわり保育園、長谷川育美・坂本愛宣）
・「長時間生活を共にするということ」（愛知・かわらまち夜間保育園、深水高雪）
・「保育園で子どもたちが安心して生活できる保育をめざして」（大阪・上野芝陽だまり保育園、竹田真理子）
◇第五一回広島集会・二〇一二年
・「子どもたちの生活づくりを基本に〜みんなで楽しい経験を豊かに」（愛知・かわらまち夜間保育園、矢野佑佳）
・「院内保育園から認可保育園へ〜長時間保育の保育内容をどう作るか」吉川博子（広島・共立ひよこ保育園）
◇第五二回静岡集会・二〇一三年
・「長時間保育と保育計画」（大阪・久宝寺保育園、松岡純子）
・「子どもも親もまるごと受けとめられる保育園をめざして」（愛知・かわらまち保育園、河野友香）
◇第五三回大阪集会・二〇一四年
・「長時間保育と保育内容」（大阪・久宝寺保育園、松岡純子）
・「子どもたちの姿から生活づくりを考えて—異年齢・長時間保育のなかで」（愛知・かわらまち夜間保育園、高橋克典）
・「生活リズムづくりを通して」（北海道・札幌市しせいかん保育所、吉村政美）
◇第五四回石川集会・二〇一五年

・「子どもが主体って何だろう?」(愛知・かわらまち保育園、大塚俊明)
・「異年齢で育ちあう夜間保育」(大阪・こばと保育園、三輪耕平)

討論のテーマをつうじて

◇第五〇回
①延長保育の時間管理をめぐる保護者との攻防
②保育園は騒音源で近隣の迷惑施設?
③大震災の時は?
④保育記録・公開日誌・連絡・会議・打ち合わせ

◇第五一回
①院内保育所から
②かわらまち保育園への質問―行事/こま切れにならない工夫/親同士のつながり/会議

◇第五二回
①デイリープログラムと生活内容・生活の場・保育者の連携
②一歳からの異年齢保育で自主的に生活する姿勢が育つ
③「おしりガブリ」をめぐって
④親によりそい、支えること
⑤職員集団―新採用職員・非常勤職員・会議・連絡

◇第五三回

①いわゆる延長時間の保育の内容と保育者のシフトについて

②保護者について

③子どもの生活リズム

④その他

◇第五四回

①子どもの生活リズム

②主体的に―子どもに自由を

③夜間の保育体制

④家庭支援

⑤新制度・自治体行政の影響

この分科会は参加者が比較的少なく、参加者の自己紹介や話題提起を討論の糸口にすることも多いので、話題は多岐にわたります。第五〇回には、保育園周辺住民の騒音クレームのために、園庭あそびの時間制限を余儀なくされ、午前から昼食までを園外に活動の場を求めている提案園の状況から、多くの園が近隣住民との共同に向けて努力している様子が話しあわれました。第五二回の「おしりガブリ」をめぐっての話しあいは、夕方の「鬼ごっこ」あそびで男性のアルバイト保育者が女児を追いかける時の声かけが保護者から「セクハラ」クレームを受けた経験に発するものでした。

子どもたちの生活をどうつくるか、そこに子どもの思いをどう生かしていくか、職員間の情報共有や合意のための会議はどうするのか、保護者との連絡と関係づくり――これらの視点は毎回話し合い、話題が尽きることはありません（二〇一六年分科会案内、二七八号）。

二．保育新制度のもと、保育時間問題の新たな動き

二〇一五年度から、保育制度が大きく変更され、保育時間の問題にもますますの多様化と子どもたちの生活の流動化が予想されました。ひとつは「幼保連携型認定こども園」という、異なる生活リズムで過ごしてきた子どもたちを一ヵ園に集めて保育する形態の普及です。かわらまち保育園の事例や分科会提案・討議でみてきたように、保育時間と生活リズムを共通にする集団での生活がより望ましいのではないかと考えられるなか、「一日の生活のリズムや在園時間が異なる園児が共に過ごすことを踏まえ、……園児に不安や動揺を与えないようにする等の配慮」（「幼保連携型こども園教育・保育要領」より）と予測される困難を保育現場に丸投げされて、現場はどう受けとめるでしょうか。

もうひとつは、保護者の必要時間にあわせた保育時間での運営という形態での保育です。とくに認可外施設のばあい、保育時間と保育料の連動を余儀なくされる条件から、子どもの園での生活時間は不定期のことも多くなるでしょう。子ども集団は？　保育の日課は？　と気になるところ

です。私たちは、二〇一七年に北海道・釧路の認可外保育園から、二〇一八年に大阪府下の認定こども園から報告を聴くことができました。いずれも子どもと保護者の心に寄り添うという点で、努力の途上にある、悩みのこもった提案でした。

i．認可外保育園でできる子育て支援を──北海道・釧路・カムキッズ保育園

年中無休・日祝日・二重保育も引き受けて

北海道（釧路）・カムキッズ保育園・後藤智樹「認可外保育園でできる子育て支援」（二八四号、二六七頁〜参照）。年中無休、午後九時までの保育。認可保育園・幼稚園との二重保育・土日祝日のみの保育も契約しています。平日は年齢別クラスで保育しています。土日祝日は〇〜五歳児を三つの年齢群に分けて、保育者三名で見ています。子どもが全員揃うのは年に数回あるかどうかです。

事例Yくん。一歳で入園、午前七時三〇分から午後七時の契約でしたが、お迎えが八時、九時と遅くなりがちでした。父親は遠方への運転業務、親族も近くにいなくて、不安をかかえる母親を支え励ましました。入学後も学校を休むことがあり、園に来るなど、保育園を拠り所に立ち直り、いまは学校生活を楽しんでいます。

「認可外」での起業をめぐって

カムキッズ保育園は「認可外」ということもあり、質問も多く、起業の意図などを含め詳しく語っていただきました。勤務した幼稚園の保育への疑問から、退職して仲間と子育て支援をめざしたこと、認可を得にくい立地条件、補助金獲得にも難があること、保護者の利用希望にあわせて、週あたり利用時間、子どもの年月齢で小刻みに設定された料金表、兄弟割引などもあります。個人事業者として、ぎりぎりの経営だけれど、四週五休など労働条件は守っています。保育ニーズの「すきま」に入ることで事業を成り立たせているという表現が印象的でした（二八四号、第五六回分科会報告、二八七号）。

ii．認定こども園――保育時間の違いでクラスはどうなる？

公立幼稚園と公立保育所の統合で

泉佐野市の公立認定こども園は、公立幼稚園四ヵ所と公立保育所六ヵ所をこども園三ヵ所に統合するという市の計画で、二〇一四年度に一ヵ所を開設し、一九一七年度までは「こども園」、二〇一八年度からは「認定こども園」として、三ヵ園になっています。それぞれの子どもの人数は一五〇人から二〇〇人くらいです。二〇一七年度までは四、五歳児は一号認定の子どもの クラスと二号認定の子どものクラスを別にしていましたが、二〇一八年度からは五歳児については、クラスに両方の子どもが混じるようにクラス編成されています。給食は全員がつくりたての自園給食を食べることができます。

保育時間の異なる子どもたちがいることで、一日の生活の流れが混乱しないように工夫していますが、悩みはたくさんあります。たとえば、行事です。

二つの運動会—年齢別に

はじめ、運動会を全員で行いましたが、人数が多いため、待ち時間が多く出場時間が短くなり、保護者からも自分の子どもを見つけるのがたいへんという声も出され、一号認定の子どもと二号認定の子どもに分けてやったこともありますが、いまは〇、一、二歳児と三、四、五歳児とに分けて、二つの運動会をやることにしています。

二時でぶつ切れにしないために

毎日のことでいえば、二時までの保育とそれ以降の保育が切れてしまいがちになるのを防ぐため、一時半ごろみんなで帰りの会をやり、一号認定の子たちが帰った後、自由にあそんで午後のおやつを食べ、もう一度帰りの会をやったりしています。二時で職員が入れ替わってしまわないように、職員の休憩の取り方なども考えました。

幼稚園と保育園—保育文化の違いをのりこえる

また、一号認定の子どもは夏休みなど長期の休みがありますが、二号認定の子どもにはそうした休みはなく、長期休みの期間は二号認定の子どもだけというのもどちらの子どもたちにとってもなぜ？という思いが湧きます。さらに、制服などのことやＰＴＡと保護者会とをどう整理していくかなど、課題は山積みです。

子育て支援として、一号認定の子どもたちには「園庭開放」が行われ、保護者と園庭であそんでいます。夕方まで園にいる子どもたちの気持ちはどうでしょうか。

広域化に伴うバス通園もあり、間違えないように乗せることやバス添乗の当番、急いでお返事する内容では二時までに連絡帳を書くなど、仕事も増えました（清水玲子、分科会報告、二九三号）。

第Ⅲ部

子どもの生活と保育時間問題を考えるために

保育時間の問題を
子どもの発達論から
保育計画論から
保育職場の運営と
労働条件の視点から
国のガイドライン分析から検討

◆第1章◆

子どもの時間認知の発達と生活への見通し

吉田真理子

子どもが生活の主体であるためには、ただおとなに言われたとおりに動くのではなく、子ども自身が自分の生活に見通しをもてるようになることが、一つの大切な視点ではないでしょうか。しかし最近は、親の生活時間が変化し、また子ども園の増加によって園での生活時間も多様化が進むなか、子どもの生活はいっそうおとなの都合で進められる傾向が強くなっているように思います。

子どもの見通しは、乳幼児期を通して、より具体的・長期的なものへと発達すると考えられています。そのなかで、子どもたちの姿は保育のなかで具体的にどのように変化していくのでしょうか、本章を通してみていきましょう。

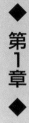

一．乳幼児期の時間概念の発達

まずは乳幼児の時間概念の発達をみていきましょう。

子どもが過去の出来事や未来について言及しはじめるのは、目にみえないものをイメージする表象能力と呼ばれるものが出現する一歳後半頃から次第に増加していくと考えられています。その芽生えとして最初の頃は、養育者が子どもによくいう「もうおしまいだよ」「また今度ね」などのことばを取り入れ、子ども自身が「おしまい」「こんど」「またね」のような時間を区切ることばを使用するようになります。そして二歳頃になると、「きのう」「きょう」「明日」や「あと」「前」といった時間の前後関係を表すことばや、「朝」「夜」といった時間帯を表すことばがみられるようになります。また、一歳後半頃からは動詞や助動詞も獲得し始めるので「（さっきあったおもちゃが）ない」「ブーブー行った」のような過去からの変化や、「マンマほしい」「〜したい」のような未来への願望を示す表現もみられるようになります（岩淵 一九六八、大久保 一九六七）。

このように、子どもは一歳後半頃から過去や未来について言及し始めますが、その時間表現にはまだ間違いも多くみられます。

たとえば、ある三歳児が、給食が終わってお昼寝までの間、友だちとあそんでいたときのことです。友だちに「それ（おもちゃ）貸して」と頼まれたのですが、今すぐは貸したくなかったのでしょう、その友だちに「〝朝になったら〟貸してあげる」といっていたことがありました。この

「朝になったら」というのはおそらく、「翌日の朝」ということではなく、「これからの午睡のあと」のことを指していたと思われます。なぜなら、もし「翌日の朝」という意味であれば、「〝明日になったら〟貸してあげる」という方が自然だからです。つまり、この子どもにとって「朝」ということばは、午前中の時間帯を指すというよりもむしろ、「寝て起きたあとの時間帯」を意味していたのだと思います。このような、〝寝る時間〟が「夜」で、〝起きる時間〟が「朝」といったように、活動と時間が切り離されていないためにみられる誤った表現は、この時期によくみられることがわかっています。つまり、幼児期の時間概念は具体的な活動や出来事を中心に形成されている（無藤 一九八二）といえるでしょう。実際、保育においても、「時間がわかる」ということは、「活動の流れがわかる」ということと、ほぼ等しい意味で使われているのではないでしょうか。

それがやがて、活動から切り離された時間そのものを認識するようになっていきます。例えば、三歳頃から「いつ?」という質問が増えるのも、その表れといえるでしょう。そして幼児期の後半にもなると、活動や出来事の順序性（例 夜ごはんを食べたらお風呂に入る）や循環性（例 一日が終わったらまた次の一日がはじまる）に気づきはじめ（無藤 一九八二、Friedman 一九九〇）、そこから時間そのものの順序性や循環性、すなわち時刻や日、週（曜日）、月、年、季節（春夏秋冬）などの社会的に共有されている慣習的な時間概念についても少しずつ理解し始めるようです。ただし、それらを正確に理解できるようになるのは、学童期の半ばまで待たなければいけません（竹内・丸山 二〇〇〇）。なのでそれ以前の子どもは、このような時間概念を使いこなせないがために、事実とは異なる誤った表現をしてしまうことがあります。例えばあるとき、保育園の子どもが「きのう○○行ってきた！」などと自慢気に家族でのお出かけを報告してくれたことがありました。けれど、よくよく考えてみると昨日は平日。保育園を休んで行ったのかと思いきや、保育者に聞いてみると、それは昨日ではなく数週間前の週末のことだったのです。このように、数日前のことも数週間前のことも過去をすべて「きのう」で表すことは、幼い子どもにおいてはめずらしいことではないようです。ずっと前に行った旅行を「きのう行った」などというので、まるで嘘をついているかのように思われることもありますが、そうではなく、まだ「一週間前」とか「一ヵ月前」などというような暦を理解していないがゆえのことなのです。そして、おとなもまたこのことをなんとなく理解しているので、子どもに話しかけるときには、慣用的な時間概念の表現を避ける傾向にあります。例えば、「〝あさって〟遠足だよ」という代わりに「〝二回寝たら〟遠足だよ」といったり、あるいは「〝去年の〟運動会」というかわりに「〝○○組さんだったのときの〟運動会」といったりするのは、その方が子どもに伝わりやすいからでしょう。

おとなのように慣習的な時間概念のような客観的な時間軸をもつようになることは、必ずしも良いことばかりではありません。我々おとなの生活の大半は、時計やカレンダーを基準に行動しているため、ときにはそれらに振り回されたり追い立てられたりしていると感じることがあるのではないでしょうか。それに対して乳幼児期の子どもたちは、そのような時間概念をもたないからこそ、それに縛られない生活をすごせているということを見すごしてはなりません。最近ではよく、自由あそびの最初に保育者が時計を指しながら「長い針が六のところになったらお片づけだよ」と子どもにあらかじめいっておくことがあります。これは、子どもたちがその時間になったら納得して動けるように、もしくは自ら切り替えられるように、というような配慮だと思いますが、いっぽうで、時間を忘れてあそび込む経験がたっぷり味わえるのもこの時期にしかない醍醐味ではないでしょうか。とりわけ、障害児においては、時間になっても次の活動へスムーズに移れないといった場面の切り換えの難しさが問題視されがちです。しかし浜谷（二〇〇一）によると、障害児が切り替えに困難を示すのは、あそびや活動の盛り上がりに時間がかかるためにようやく盛り上がってきた頃に活動を終了しなければならないからだとして、そのような子どもの気持ちに即した働きかけの必要性を説いています。

具体的には、楽しいあそびの気持ちが中断されることなく次に向かえるように、その活動の満足感や達成感を味わうことで良き終わり（区切り）をつけるとともに、次への期待感や楽しみを見出せるようにすることの両方が必要だと考えられています（浜谷 二〇一一、永瀬・倉持 二〇一一）。つまり、慣習的な時間概念のような客観的な時間だけではなく、子ども一人ひとりの主観的な時間もまた大切にされる必要があるということではないでしょうか。

著名な児童文学『モモ』（ミヒャエル・エンデ 一九七三）に描かれているように、時間に追われる生活が人々の心を蝕んでいるという近代社会の問題は以前から指摘されてきたことですが、それが乳幼児期の子どもの生活においても蔓延している可能性は否めません。

そもそも慣習的な時間概念とは、他者と共同生活を送るために発展してきたという側面がありますます（橋本・栗山 二〇〇一、渡辺 二〇一〇）。時計やカレンダーがあるからこそ、私たちは人と待ちあわせをしたり、約束をしたりすることができるのです。その本来の目的に立ち返ると、保育のなかで大切にすべきことがみえてくるのではないでしょうか。

たとえば、〝その時間だから〟動くというよりも、〝友だちが待ってるから〟動くというように、集団行動の意味を生活のなかで感じていくこともその一つでしょう。

ある保育園の五歳児クラスでこんなことがありました。お散歩に出かけることになり、ほとんどの子どもが園庭の隅に並んで出発を待っていたのですが、ある支援の必要な子どもは出遅れてしまい、「待ってよ〜！　待ってよ〜！」といいながらテラスを右往左往しています。すると、その様子をみたクラスの活発な男の子が、その子に向かって「待ってるよ！」と大きな声で応えるのです。この様子をみたとき、当初は「待ってるよ」と応えた子どもの姿に感動したのですが、よく考えてみると、いつも出遅れがちな支援の必要な子どもが「待ってよ」といえるような関係を築いていることの重要性に気づきました。このような関係を通して、他者とときを重ねながらともに生活をすごすことの喜びを日々感じてほしいと思います。

二．保育における子どもの「見通し」

保育のなかで子どもの時間認識が問題になりやすいのは、とりわけ子どもが未来への「見通し」をもてているかどうかが気にかかるときではないでしょうか。幼い子どもほど先への見通しをもって自ら動くことが難しかったり、前述したように障害児は場面や活動の切り換えに困難さをもったりすることが多いことから、そのような子どもに活動への見通しをもたせようと工夫したことは、保育者であれば少なからず一度は経験があると思います。では、このときの「見通し」とは、具体的にどのようなことに対する見通しを指しているのでしょうか。

子どもの見通しに触れている保育実践をみると、保育者が子どもに求める見通しの内容には、年齢によって違いがあることがわかります。たとえば、乳児期の子どもには日課のような毎日の生活に対する見通しが求められるのに対して、幼児期になると日課に加え、さらに経験の少ない活動（クッキングや栽培など）や行事に対しても見通しが求められる傾向にあるようです（吉田 二〇一〇b）。前者のような日課の見通しがもてるようになると、例えば、給食のワゴンがみえたら手を洗って座ったり、午睡のときに服を出して着替え始めたりするなど、日常の活動において「～してから～する」といった空間的・時間的に系列化された行為がみられるようになります。このような「給食」や「着替え」などの各活動に対する見通しは一歳後半頃からみられるようになり、三歳頃までにはこのような見通しをもちながら自発的に日課をこなそうとする姿がみられます。ただし、このときの見通しは、まだ個々の活動内においてのことであり、一日全体の活動の流れに対する見通しをもっているかというと、そうではないようです。事実、子どもに一日の活動の流れについてあらためて尋ねてみると、その内容や順序をほぼ正確に答えられるようになるのは、四歳以降だということがわかっています（無藤 一九八二、Friedman 一九九〇、藤崎 一九九五）。

つまり、それまでの子どもたちは、一日全体の生活の流れを把握して動いているというよりも、その都度保育者に促されたり、周りの友だちの様子をみたりしながら、動いているのだといえるでしょう。

また最近では、外国籍の子どもが増加していますが、そのような子どもが文化の異なる日本の園生活にいかに見通しをもてるようになるかということも気になるところではないでしょうか。中国籍の入園児を対象に調べた柴山（一九九五）によると、食事に関する一連の流れ（手洗い、配膳、片づけなど）をすべて獲得するには、五歳児であっても半年ほどかかることがわかっています。つまり、日常生活の見通しをもつということは、文化を身に着けるということでもあることから、それには単に発達的な能力だけではなく、日々繰り返すことで習慣化するための時間が必要になるといえるでしょう。

いっぽうで、後者のような見通し、すなわち経験の少ない活動や行事に対する見通しは、毎日のようにおこなう活動ではないことから一般化されにくく、習慣として身に着けることは難しいと思われます。これは、運動会などの行事やクッキングのようなイレギュラーな活動はもちろんのこと、制作活動のような比較的よくおこなわれる活動であっても、毎回同じものをつくるとは限らないことから、習慣化することは難しいでしょう。したがって、子どもがこのような活動への見通しをもつためには、関連する過去の出来事や経験を意識的に思い出し、それをふまえてより具体的に未来を考えることが必要であると考えられています。

たとえば、ある保育園で、毎年五歳児クラスだけが運動会でダンスを披露することになっており、今年も同様にダンスを披露しようとしているとしましょう。その場合、五歳児が運動会への見通しをもつためには、自身のこれまでの運動会を思い出したり、あるいは昨年の五歳児クラスの様子を思い浮かべたりしながら、自分たちのダンスのイメージを思い描くことが必要となります。このような見通しには、過去を想起するための記憶能力や、未来を思い描くための思考力・想像力などの発達的な能力を要することから、三歳頃までは難しいことがわかっています（吉田 二〇一一a）

とりわけ行事については、子どもが長期的な見通しをもてなければ、行事に向けたとりくみを、子どもが意味あるものとして捉えることができないでしょう。特に年長児ほど、当日までのとりくみに、我慢や忍耐などを必要とする準備や練習を求められることが多いようです。

たとえば、発表会で劇を披露する場合は、当日までにセリフを繰り返し練習して覚えなければいけませんし、運動会で跳び箱をする場合は、当日までの保育のなかで何度か跳ぶ経験を積んでいなければなりません。なかには、思うようにできないことから、子どもによっては練習であまり楽しくない感情を伴うこともあるようです。このような「練習」について、乳幼児期の子どもがどのように捉えているのかを調べた最近の研究によると、練習という概念を本当の意味で理解し、そして自ら意図的に練習ができるようになるのは、五歳以降ではないかと考えられています（Brinums, Imuta, & Suddendorf 二〇一七、Davis, Cullen, & Suddendorf 二〇一六、吉田 二〇一〇a）。それ以前の子どもはどちらかというと、練習そのものが楽しかったり、おとなに促されたりすることによって、練習にとりくんでいるのでしょう。したがって、練習の途中で「できない」と思ったらやらなくなったり、先生がいなかったらやらなかったり、他の楽しいあそびに関心が向いたりするのは、ごく当たり前の姿だといえるかもしれません。それが次第に、「発表会で見てもらいたい」という思いや、「練習して上手になってきた」という手応えが、練習を後押しするようになっていくのではないでしょうか。

行事へのとりくみ方については、保育のなかでもよく議論されるテーマではありますが、「行事までのプロセスを大事にしたい」という思いは、どの保育者もほぼ一致していることだと思います。しかし、子ども自身がある程度行事への見通しをもってそのプロセスの意味を理解していないと、おとなのねらいとは裏腹に、子どもに過度な要求をしてしまう可能性も否めません。ある園では、毎年五歳児クラスが熱心に劇づくりにとりくむのですが、最初の題材を決める話しあいのときには、必ず保育者が子どもたちに「どんな劇にしたい？」と投げかけています。すると、「かっこいい劇がしたい」「感動してほしい」など、子どもたちから次々とイメージが湧き出てきます。行事への見通しが子どもたち自身のものになっていく、そのはじめの一歩のような場面に感じました。

大事なことは、長期的な見通しをもつということは、現前の「少し苦しいな」「つらいな」という状況を乗り越え、後でより大きな喜びや楽しさを経験するための大きな力になるということです。

三．未来への「見通し」をもつことの意味

未来への見通しは、子どもの生活に何をもたらすのでしょうか。

第一に、未来への見通しは、主体的な生活を送ることと関係していると考えられます。見通しがもてるようになるということは、「給食の際にどのような準備をすれば良いか」とか、「制作活動ではどのようにつくったら良いか」とか、ある程度未来の予測がたつことを意味しますが、それだけではありません。「給食ではこれが食べたくない」とか、「制作ではこういうものがつくりたい」などというように、未来に対して自分の意思をもてるようになることでもあるのです。つまり、見通しには、ある程度未来を予測できるという未来が「わかる」側面と、本来は不確実な未来を自ら「つくる」という側面があるといえるでしょう（吉田 二〇一〇b）。

したがって、見通しがもてるようになったからといって、おとなの期待どおりに子どもがスムーズに行動できるようになるわけではありません。むしろ反対に、着替えなければいけないのはわかっているけれどもう少しあそびたいというように、「わかっているけどやらない」姿が出てくることから、おとなにとってより対応が難しくなることがあります。特に二〜三歳頃になると、自我の育ちとあいまって、「見通しがもてないから行動できないのか、それとも見通しはもてているけれどやりたくないのか」は、子どもをよくみていないとその判別が難しいことがあります。また、保育では前述したように「場面の切り替えができない」子どもがよく問題となりますが、それも先への見通しがもてていないからとは限りません。特に支援の必要な子どもの場合、そのような姿を「幼さ」や「問題行動」としてではなく、ようやく自我が育ってきたことの証として捉えられる場合もあるのではないでしょうか。

ある園の巡回相談でこんな事例がありました。前はスムーズに活動をしていた子どもが、最近は集団より一歩遅れるようになったというのです。そこで、その子どもの様子をよくみてみると、皆が一斉にトイレに行ったり手洗い場に行ったりすると騒々しくなるのがイヤで、それを避けるかのように後から自分のペースで行動しているようでした。つまり、人からいわれたからやるのではなく、自分で見通しをもてるようになってきたからこそ、自分で考えて動いているという姿でした。

このような、「見通しはあるけれどやらない」というばあいには、「見通しをもたせよう」とするのではなく、その行動に対して「～したいな」と思う動機づけや、「～するため」というような意味を、子ども自身が感じられるような関わりが大切だといわれています（柴山 一九九五、鈴木・岩立 二〇一〇）。

第二に、未来への見通しをもつということは、先のことをあれこれと考えられるようになることから、具体的な心配を抱くようになるなどのネガティブな側面をもたらすことがあります（吉田 二〇一一b）。したがって、「～できなかったらどうしよう」などと躊躇したりして怯んでしまったりするような、二の足を踏む姿も出てきます。

たとえば、運動会の練習が上手くできなくてどうしようという思いから「保育園に行きたくない」といいはじめることもあるでしょう。先のことを考えてネガティブな気持ちを抱くのは、我々おとなにとっても日常的によくあることです。少し前に「サザエさん症候群」ということばが流行りました。日曜日の夜にTV番組『サザエさん』がはじまると、翌日週明けの学校や仕事のことを考えて憂鬱になるという症状です。反対に、金曜日や連休前になると気持ちが軽くなることもあるでしょう。このように人が未来のことを考えることによる感情・気分への影響は、昔から多くの哲学者や心理学者によって指摘されてきました。このようにみると、見通しをもてるようになることは、活動をスムーズにこなすなどの集団生活への適応を高める一方で、自分はこうしたいという思いや不安などが芽生えることによって集団生活から逸脱する可能性もまた秘めているといえるでしょう。

それでは一般的に保育者は、見通しが子どもに何をもたらすと考えているのでしょうか。保育者が記した実践提案を調べてみると（図1）、見通しによって得られるものとして、最も多かったのが「期待・意欲・楽しさ」であり、次に多かったのが「自主性・主体性」、その次に「精神的な安定・自信」「目的・目標をもつ」と続きました（吉田 二〇一〇b）。つまり保育者は、子どもが見通しをもつことによって、活動や行事へ

図1 見通しをもつことによって得るもの（吉田 2010b より）

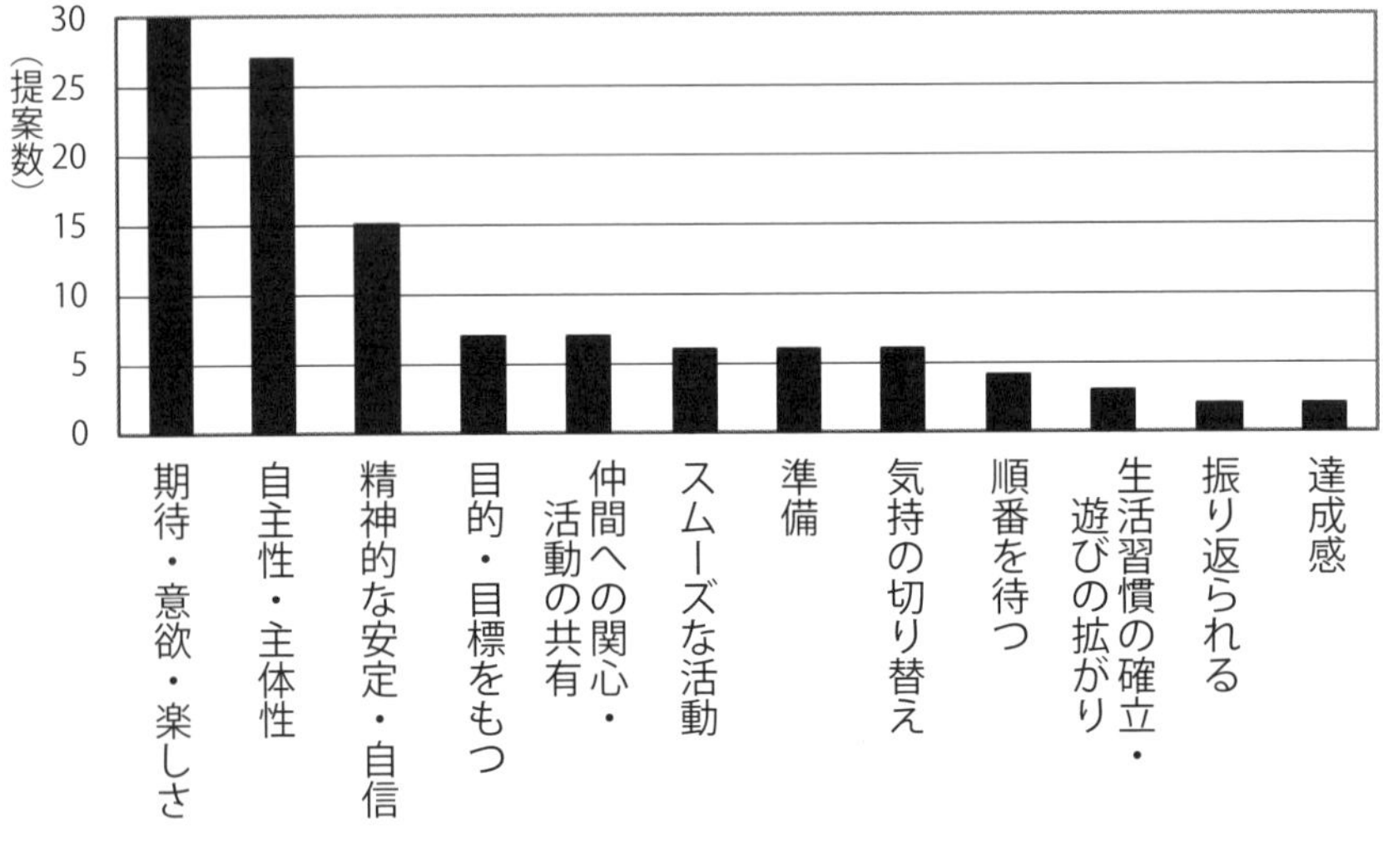

の楽しさをもってほしい、子どもたちが自ら取り組んでほしい、安心してほしい、目標をもってほしい、というような総じてポジティブな期待を抱いていることが伺えます。

　さらに図2では、保育者は子どもが見通しをもてるように、様々な手立てや要因を意識しながら働きかけていることがわかります（吉田二〇一〇b）。そして、図2をよくみてみると、働きかけのねらいは本節の冒頭で記したような見通しの二つの側面、すなわち子どもが未来を「わかる」ことに比重を置いたものと、未来を「つくる」ことに比重を置いたものがあるといえるのではないでしょうか。

　たとえば、「パターンの繰り返し」は、どちらかというと、子どもが日常生活の中で何をすればいいのかが〝わかる〟ようになるための方法であると考えられます。それに対して、「楽しさの強調」や「十分な時間の確保」など

図2　子どもが見通しをもつようになるための手立て・要因（吉田　2010b より）

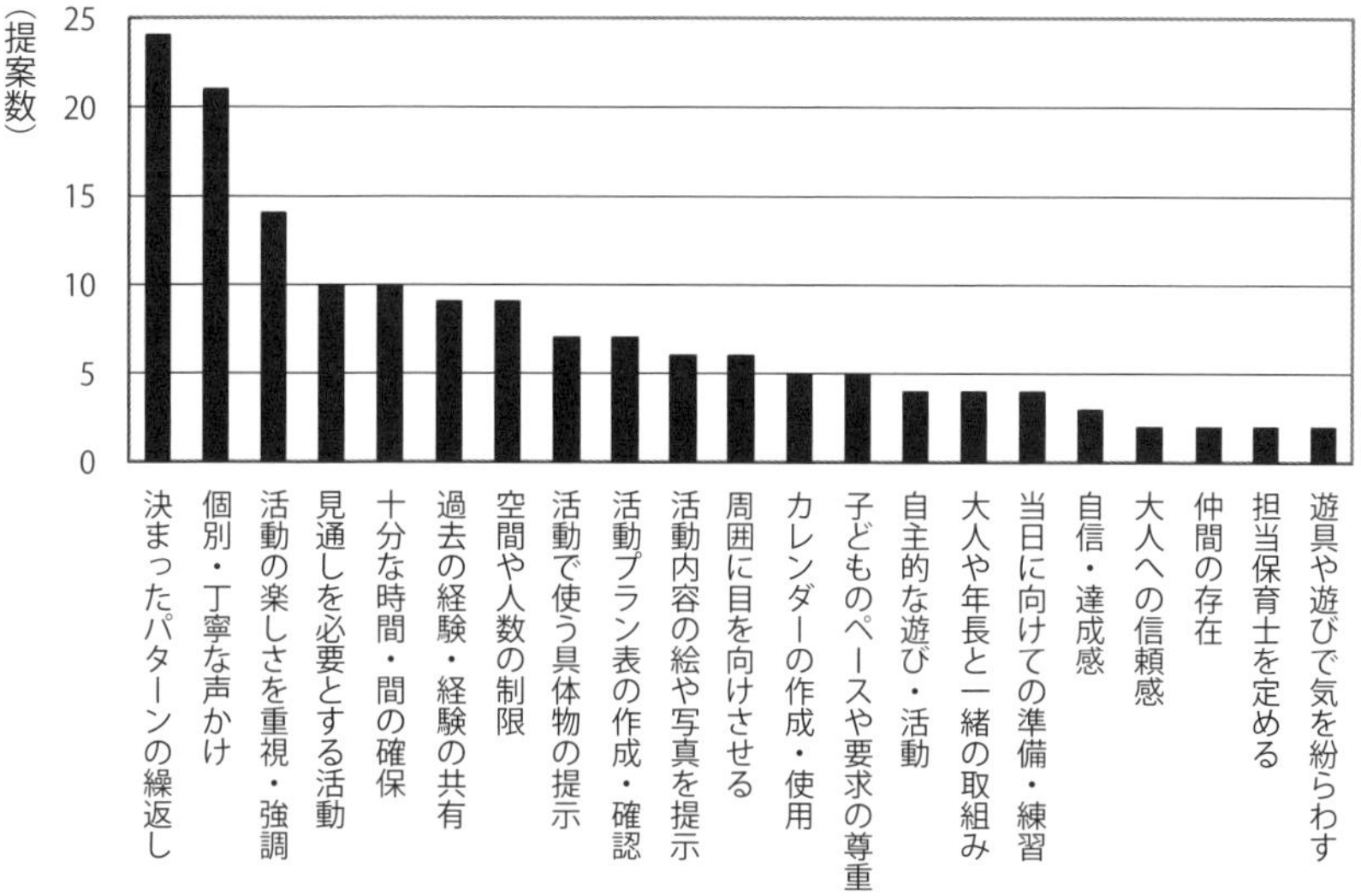

は、子どもが自ら活動に対して意欲的になったり考えて行動したりするなど、活動を〝つくる〟ことを重視した手立てと考えられます。もちろん、両者は関連しあっているので明確に線引きはできません。しかしながら、前者の方にばかり意識が向くと、おとなの都合で生活を進めやすいという点を心に留めておくことは必要でしょう。

以上より、生活のなかで子どもが見通しをもつということは、子どもが主体的な生活を送るために必要な条件であり、そのためには子ども自身が未来をつくること、つまり、子どもに選択の余地があるか、もしくは決定権があるかということが重要ではないでしょうか。したがって、日々の保育のなかで子どもが「ああしたい」「これをやってみたい」という見通しを実現できるような保育内容を考えていくことが大事な視点であると思います。

引用文献

Brinums, M., Imuta, K., & Suddendorf, T.（2018）. Practicing for the future: Deliberate practice in early childhood. Child Development, 89, 2051–2058.

Davis, J. T. M., Cullen, E., & Suddendorf, T.（2016）. Understanding deliverate practice in preschool-aged children. The Quarterly Journal of Experimental Psychology, 69, 361–380.

Friedman, W. J.（1990）. Children's representations of the pattern of daily activities. Child Development, 61, 1399–1412.

浜谷直人（二〇一一）場面の切り換えから保育を考える―活動の間の気持ちのつながりをつくる．季刊保育問題研究二四七、一二六～一三八頁.
橋本毅彦・栗山茂久（二〇〇一）遅刻の誕生．三元社.
岩淵悦太郎・村石昭三（一九六八）ことばの習得．岩淵悦太郎・波多野完治・内藤寿一郎・切替一郎・時実利彦（著）ことばの誕生―うぶ声から五歳まで（一〇九～一七七頁）．日本放送出版協会.
無藤隆（一九八二）幼児における生活時間の構造．教育心理学研究三〇，一八五～一〇七頁.
永瀬佑美子・倉持清美（二〇一一）集団保育における遊びと生活習慣行動の関連―三歳児クラスの片付け場面から．保育学研究四九，一八九～一九九頁.
大久保愛（一九六七）幼児言語の発達．東京堂出版.
柴山真琴（一九九五）ある中国人五歳児の保育園スクリプト獲得過程―事例研究から見えてきたもの．乳幼児教育学研究四，四七～五五頁.
鈴木幸子・岩立京子（二〇一〇）幼稚園の帰りのあいさつ場面におけるルーティン生成の過程―三歳児の分析から．保育学研究四八，七四～八五頁.
竹内謙彰・丸山真名美（二〇〇〇）慣用的時間概念理解の発達．愛知教育大学研究報告四九，一〇三～一〇七頁.
渡辺由文（二〇一〇）時間と出来事．二〇一〇．中央公論新社.
吉田真理子（二〇一〇a）幼児における時間の中の自己―運動会の事前事後インタビューから．心理科学三一，六四～七四頁.
吉田真理子（二〇一〇b）子どもの「見通し」に対する保育者の認識と手立て―一〇年間（二〇〇〇年

～二〇〇九年）の保育問題研究集会提案より．保育問題研究二四四．一六二～一七一頁．

吉田真理子（二〇一一ａ）幼児期のメンタルタイムトラベルに関する研究の展望―時間と自己．心理科学三二．六三～八一．

吉田真理子（二〇一一ｂ）幼児における未来の自己の状態についての予測―未来の不確実性への気づきと心配．発達心理学研究二二．四四～五四頁．

保育計画における日課の意味とあり方

渡邉保博

保育時間が長くなるほど、日々の生活の組み立て方（日課）がますます大事になります。ここでは、実践（研究）の歴史にも学びながら日課の意味とあり方について考えてみましょう。

一・日課とはなにか

保育の辞典や保育計画（課程）論のテキストによれば、「日課」はデイリープログラムともいわれ、「毎日繰り返される子どもたちの生活活動を一日の時間的な流れとして構成したもの」です。具体的には、「園で子どもが安定して快適にすごせるように、子どもの生活リズムを基本に考えながら、登園時の活動、あそび、授乳や給食、おむつ交換や排泄、午睡などの活動を含んで一日の生活の流れを構成」したものです[1]。

日課は日案と「混同されることが多い」のですが、両者は別物です。日案は「その日その日で変わる具体的な活動計画」であるのに対して、日課は「日々繰り返される生活の大まかな流れや内容を示したもの[2]」だといわれます。「日案」は週やより長期（月、期、年間）の計画のねらいや内容の達成にかかわる「一日の指導計画」ですが、「日課」は日々の生活の計画です。

ただ、二〇一七年に改定（訂）された「保育所保育指針」「幼稚園教育要領」「幼保連携型認定こども園教育・保育要領」とその解説書や近年の保育課程論のテキストには、「日課」は索引にもなく、文中でも使用されていません。そのかわりに、「（一日の）生活の流れ」「生活のリズム」あるいは「時間帯（たとえば「おおむね同じ時間帯に食事や睡眠をとる」）」などの用語が使われています。

二．日課の種類

日課には、園やクラスとしての日課があります。

クラスの日課も、集団編成の仕方（年齢別、異年齢、登園時間別など）によって、そのあり方は違います。年齢別クラスの日課が多いでしょうが、異年齢の「お部屋」で「ゆっくりとした時間の流れのなか」で暮らす日課も模索されています。近年の夜間保育園では、登園時間の差が大きくなるなかで、登園時間別（昼間、夜間）クラス・グループを編成し、それぞれの日課で生活を共有する試みもあります。

また、一つのクラスが複数の日課で生活することもあります。たとえば一歳児クラスで、生活リズムや発達によって、一回寝・二回寝グループ（一歳前半・後半児グループ）にわけ、「それぞれの生活を保障する」[3]ことなどです。

クラス（グループ）全体の流れのなかで「一人ひとりの子どもの状態を考慮した」日課もあります。病後の子やふだんから身体の弱い子の状態を考慮した日課、家庭的な事情を抱えた子に配慮した日課（午睡時、事務室で担任や他の職員とすごすなど）もあります。乳児保育における「育児担当制」と「流れる日課」も、この一例かもしれません。

もちろん、子ども自身の日課（一日のどこかで事務室のカメを見に行くなど）もあります。

以上の日課とは別に、時期や生活状況による日課の工夫（夏の暑い時期の幼児の「朝の午睡」）、季節の行事に関連した日課（五月上旬前後の鯉のぼりの上げ下ろし）、時間の定まらない日課（夕方にも散歩等）などもあります。

三．日課の性質と育つもの

①日々あたり前にくりかえす

いうまでもありませんが、日課（生活）は「ぶつ切れでなくつながりあって」います。経験的な事実として、寝てないとあそべないなどということは、よくあることでしょう。

日課には、日々あたり前にくりかえすという性質もあります。「生活感覚・生活意識を育てる日課づくり」を保育の根底に置き、「ごくあたりまえの、一見単調な日常生活[4]」の人間的なあり方を模索した清水益實・清水住子も、この点に注目しました。

清水らによれば、子ども自身が一見単調にくりかえされる日々の生活にいい意味で「慣れる」とき、生活にメリハリがつき、「快の状態」で生活し、生活意欲もわき出てきます。また、見通しをもって自覚的に生活できるようになり、一見単調ななかに微妙な変化を豊かに発見する力につながり、新しい事態に出会えば創意工夫を発揮する力にもつながるそうです。

ある養護施設の職員も、「みんなでつくった日課（リズム）に基づいて毎日同様の暮らしが繰り返されることは、安心感につながる。必ず朝、ご飯が食べられる。夜ご飯が食べられる。宿題ができる。お風呂に入れる……不確かなこれまでと異なる安心できる確かな今、そして確かであろう明日があることは、生きる意欲をもたらすものである[5]」といっています。

生活に潤いをもたらす変化は必要ですが、日によって生活の流れが違う（一歳児で、ある日は給食のギリギリまで散歩、別の日は余裕があるなど）と、子どもは見通しをもちにくくなります。

②マンネリも

日課はあたり前にくりかえすということは、マンネリにもなりやすいのです。

清水たちが日々の生活にいい意味で「慣れる」といったのも、単調な日常生活を大切にすることで「保育がマンネリ化」する恐れもあったからです。そうならないために、二つの「慣れる」

を区別しました。その一つは、「慣れて、次第に手をぬいていく慣れ」です。もう一つは、「十分に習熟して、無意識に（というのは、気持の強い緊張なしに）必要なことができ、必要なことに気づくことのできる慣れ」で、「それまでに身につけてきた力が、必要に応じてごくスムーズに発揮され……自然に気配りや配慮がゆき届く」ようになります。後者の「慣れ」は、「日々新たな発見と創造を生み」出し、「マンネリにおちいりようがありません」といいます。

ということは、日々の生活にいい意味で「慣れ」、見通しをもって自覚的・主体的に生活できるには、子ども自身が自然に「必要なこと」ができ「必要なこと」に気づき「必要に応じて」やれること、つまり、子どもの「必要」感が重要になります。

四．日課と子どもの主体性

①「こまぎれ」日課の見直しから

子どもが主体的に生活できるようになるには、「こまぎれ」日課の改善が不可欠でした。いろいろな試みがありました。

ある園の二歳児クラス（十九名）では、生活の場面で子ども同士のぶつかりあいが多く、次の行動に全員が移るのに時間がかかり、「一日中落ち着きなく、なんとなくあわただしくすぎて」いくことに問題を感じ、保育を見直しました。一日の生活が「大変こまぎれに」なっていて、「散歩だから」「おやつだから」とおもちゃを片づけさせることも多く、あそび出した頃に中断させたり、場面の切りかえの時間に余裕をもてず、「はやくしなさい」ということばが多くなっていました。特に二歳児期は、排泄・食事・清潔などていねいに働きかけることが大切なのに、「急がすぎ」[6]になっていました。個人差への配慮も必要でした。

ということは、この「こまぎれ」日課は、せかされて「あわただしく」生活することを、子どもが「知らず知らずのうちに」学んでしまう「隠れたカリキュラム」[7]であったといえます。

この園では、その後、「子どもの主体性を大切にする」ために、急がせすぎたり追い立てたりすることがないように「時間のゆとりのある生活を組み立てる」ことなどを試みました。たとえば、散歩から早めに帰って食事までの時間を長くする、「一日に課題をいくつも設定」しない、「(「散歩に行くからおしっこしようね」など)見通しのもてる言葉がけをていねいに」していくようにしました。その結果、保育者の気持ちにゆとりができ、「『はやくしなさい』と子どもを追いたてることが少なくなり、規制することばも減り……子どもの『何々をしよう』という自主的な気持ちを優先させる」ことができるようになったそうです。

「こまぎれ」日課の見直しは、子どもが自分なりの「見通し」をもち「納得」して主体的に生活する一つの契機になったようです。

②「しなければならないこと」としての日課

日々あたり前にくりかえす日課は、「しなければならないこと」になりがちで、保育者は「みんなと同じ」ようにすることを子どもに求めてしまうようです。また、そうすることが評価されるということもあります。たとえば、「全員の子どもを寝かしつけることができる保育者に対して評価が高く、子どもの気持ちを考えることで、なかなか寝かしつけられず、少しでも子どもを騒がしてしまっている保育者は評価が低い[8]」ということがありました。

その背景には、おとなと子どもの関係性の問題があります。特に日課の切りかえ場面で、そのことが問われるようです。たとえば、「今は無理強いしないで『もう少し待っている』けれど、『本当はこうしてほしい』……というように、おとなの思いが先行[9]」してしまうようです。あるいは、保育者と子どもの関係が、つい「次、なにするとき?」と声をかけてしまう、つまり「点検するおとなとそれに応える子どもという関係[10]」になりがちだとも。これでは、子どもの主体性は損なわれてしまいます。

③「生活の自由」と日課

このようなおとなと子どもの関係性は、「生活の自由」という視点から問い直されていきました。

たとえば、金澤妙子は、現場保育者と共同したある実践研究(子どもが「自分のお腹に聞いて好きな時間に食事を摂る」という試み、四・五歳児中心に検討)を通して、日課に対する保育者たちの「無自覚」な「管理」意識、あるいは子どもが感じていた「何らかの管理・束縛感」を浮きぼりにしました。

この試みの当初、子どもたちは「歓声」をあげましたが、その一方で混乱し、本当に「好きな時に食べて良い」のかと「懐疑」的になり、真意を「試し」、「反発」したり「まだ食べなくてもいいぞごっこ」を楽しんだりして、保育者の「許容量」を探ってきました。保育者が揺れながらも本気だとわかってくるなかで、「空腹感を自覚して」表したり、食にまつわる思い（ごはんの量、おかずが嫌い、食べる友だちや場所など）を「汲んで」もらったり、仲間の「自然な促し」や食事を準備する姿に刺激されたり、あそびを切り上げるときを「自分で決め」たり「仲間で誘いあったり」、「保育者の都合・思い」や状況を自分なりに判断するという日々を通して、ジグザグを繰り返しながら、「いろいろなあり方で自ら食事に参加」してくるようになり、食事の時間が「だんだんと定まって」いったそうです。つまり、日課が「個々の子どもの主体的な関与を織り込んで確立されて[11]」いったのです。

能勢ゆかりは、特別支援学校の寄宿舎生活に「生活の自由」という視点を具体化するなかで、「（下校後は、グループ単位で買い物や散歩、グループによっては夜会議や夜食をつくって食べるなど）毎日繰り返していることという意味での日課はある」けれど、「今それらをあえて日課といわない」ようになったといいます。子どもにとって日課は、「しなければならない課題」ではないからであり、他の子どもたちと「共に生活するなかで、その生活の論理によって出来上がっていくもの[12]」だとみるようになったからです。

④日課をめぐる子どもとおとなの関係性への多様なアプローチ

このほかにも、多様な視点からのアプローチがありました。

その一つは、「自我の発達」という視点からのアプローチです。特に、個々の生活場面（食事など）に焦点を当て、おとなと子どもの「相互交渉」のあり方などを考察しています。

たとえば、河原紀子は、生活場面における一歳児の「イヤイヤ」行動を受けとめるのは「簡単なことではない[13]」けれど、その行動は自己を主張する主体性などの育ちを示す「自我の芽生え」として「肯定的に捉えられている」として、その好例となる実践記録[14]を紹介しています。

二つ目は、「関係性」という視点からのアプローチです。ある参加観察研究によれば、「保育者の主題」（「朝のしたく」「着がえ」「帰りのしたく」などの「しなければならないこと」を「まず優先しようとする」）と「（気になる）子どものあそびや行動の主題」（「他児のあそびへの興味」「（何かに）なったつもり」など）との「ズレ」に注目し、その意味を保育者が理解することによってその子への「構えが変化」する。子どももその変化を感受することによって、保育者と子どもの関係、あるいは子ども同士や保育者相互の関係にも転換が起こり、子どもが「自分にとって意味ある」「自己充実した時間を生き[15]」られるような関係性が築かれていくようになるといいます。

嶋さな江たちも、長年の実践的探求を通して、「おとなは、子どもにいうことを聞かせる存在ではなく、自分たちと共にあって自分たちの思いを遂げてくれる存在である」と子ども自身が感じられることに力を注ぐようになりました。

たとえば、生活の切りかえ場面などで、子どもが着替えや昼寝をしに「こちら側にくるのを待つ」のではなく、着替えや昼寝に「向かう向かい方の中に、また向かわないとすれば、向かわない姿のなかに意味をみつけよう」としていきました。それは、その子自身の「本当の要求を見極め」ることであり、その子が日々の生活のなかで「自分らしくふるまい、自分から始動する」という暮らし方を身につけていく鍵になると考えました。

三つ目に、子どもの権利条約を保育に生かす試みのなかで、子どもの「参画権」という観点から保育者と子どもの関係をとらえるアプローチもありました。

萩原元昭によれば、子どもの「参画権」とは、日課の時間的な「境界線を曖昧」にすることなどを通して、自由あそびから片づけ・昼食への移行などに「自らの意志で参画できること」、つまり子どもが「自らできることで、自らの意思で……自らの時間、空間、ルールを意思決定する」[16]ことを保障することです。

清水民子も、スウェーデンにおける子どもの権利条約（意見表明権など）を保育に具体化するための「子どもの影響力」という視点に注目し、次のように述べています。つまり、保育園・幼稚園では「一定の秩序や……時間規律の存在を免れない」けれど、この時間規律への適応が、「おとなな社会の都合」（「標準的な教育時間」を「すべての子どもに」など）や保育者の「強い枠づけ」によるのか、「子どもの最善」と「子どもの影響力」の発揮（「子どもたち自身が決める」[17]）の追求によるのかによって、子どもの生活は異なってくるのだと。

このように、子どもの主体性を大事にした日課づくりをすすめる過程で、おとなと子どもの関係性が多様で重層的な視点を通して検討されてきました。

五．子どもと家族の生活の現実に根ざした日課づくり

①「延長保育」と日課の重要性

ところで、保育計画における日課の重要性を浮きぼりにしたのが、一九六〇年代以降の「延長保育」をめぐる議論と実践でした。当時の保育（研究）者たちは、「延長保育」を保育所保育の「原点を再確認[18]」する重大問題の一つと位置づけ、子ども・親（家族）・保育者にとってどうなのかという議論を重ねながら、「どのようにすれば延長ができるだろうかという立場」で保育内容のあり方を検討していきました。

この問題に早くから関与した清水民子は、「最も子どもにとって身近な時間単位であるはずの一日の生活」が、保育所の人的条件、設備、準備の都合など「子どもにとって外的な諸条件によって、習慣的、惰性的に定められて」いることを問題にし、「子どもの自発的要求」も組み込んだ一日の生活のあり方を検討しました。また、家庭生活も視野に入れ、「子どもの二四時間の生活の中の一〇時間なり、一二時間なりという時間帯を組織的に考え[19]」た生活づくりも模索しました。このことは、当時の年間計画や月案「重視」に対し、日課の重要性に光を当てました。

全国保育問題研究協議会は、その全国集会に「保育時間と保育内容」の分科会（一九七二年）を設け、清水らの協力も得て、保育時間の長時間化に伴う保育内容づくりを全国的なレベルで進めました。

②子どもと家族の生活の現実に根ざした日課づくり

当時の「延長保育」のなかでは、保育条件・親の労働条件などにより子どもの生活には様々な矛盾がしわよせされ、その「一番大きいものが食事の問題」でした。ある園で、全家庭対象に子どもの食事についてアンケートを行い、話しあいました。朝食の問題は「完全に家庭の問題……親がきちっと食べさせてくるのが当たり前」という意見。「そうはいっても、朝たたきおこされて、食べろといっても食べない……なんとか園の方で考えていかないといけないんじゃないか」などの意見が出てきました。開園の時間帯は朝食の時間帯でもあるので「(朝食は)当然開園している時間内の問題」、また「子どもは朝ごはんは食べんとあかん」という点では全員一致するものの、いったい誰がどこで食べさせるかが問題でした。また、夕方おなかがすいてしまう子どもたちへの対応に親が深刻に悩んでいるという実情を踏まえ、家庭での夕食との関連でおやつの内容や時間帯を工夫していきました。[20]

つまり、日課は、子どもと家族の「生活の現実をとらえて、改善できる方策を立て」る必要があるのです。近年、文部科学省が「『生活リズム向上』(早寝早起き朝ごはん)国民運動を多くの団体をまきこんで展開」しています。もちろん、睡眠や朝ご飯の重要性について理解を求めていくことは大切ですが、あくまでも「父母の長時間労働で『夜型』生活をしいられる子どもたちの実態と保育者たちの努力の一端」を知り、「子どもの生活の必要から[21]」日課をつくることが基本です。

③「保育の社会的問題を解決する」ことと日課づくり

さて、「延長保育」の保育内容を検討するなかで、保育体制などにも制約され「朝のあそびが……設定保育の待ち時間風」になっていないかが問題になりました。また、「子どもを園のなかのしかも課業的時間だけでとらえ……あらゆる時間帯の生活のなかに保育の意味をとらえる点では、今の私たちの姿勢は弱いのではないか」「九時半から四時の間に保母が比較的大勢いて、その間に『保育』をすませてしまい、父母との交流、子どもとの出会い、また別れという重要な時間である朝の七時半から九時半、夕方の四時から六時半には保母が非常に少なくなってしまっている……状態は改善の必要が大いにある[22]」ことが自覚されていきました。「延長」時間を「特例」「時間外」「待ち時間」「お残りさん」とみることも問題になりました。こうして、最後のお迎えになる親子が一日の終わりをどんな気持ちで締めくくるかということも含め、「どの時間帯も大事」にする保育や日課のあり方が模索されていきました。

その過程で、ある自治体における保育計画の研究は、「それぞれの生活の時間帯が、子どもの育ちにどのような意味をもっているか」を検討して「時間帯式指導計画[23]」というユニークな日課案をうみ出しました。

以上のことから、日課づくりには、「(「延長保育」などの)保育の社会的問題を解決することが、保育内容を高めることにつながっている」という視点が不可欠だといえます。

注

（1）宍戸健夫ほか監修（二〇〇六）保育小辞典，大月書店，二二四頁．
（2）戸田雅美・佐伯一弥編著（二〇一一）幼児教育・保育課程論，建帛社，一三一〜一五二頁．
（3）寺内直子（二〇一八）〇歳児クラスの保育計画，保育計画研究会編，改訂版　実践に学ぶ保育計画のつくり方・いかし方，ひとなる書房，四七〜四八頁．
（4）清水益實・清水住子（一九八二・七）乳幼児の生活と日課づくり，現代と保育十一，ひとなる書房，一三四〜一四五頁．
（5）遠藤由美（二〇一一）児童養護施設における養護・養育と保育，季刊保育問題研究（以下「季刊」）二五〇，新読書社，二二一〜二三五頁．
（6）麦の子保育園＋渡邉保博（二〇〇六）親と子とともに生きる保育，新読書社，四二〜四六頁．
（7）苅谷剛彦（二〇〇五／二〇一七）学校って何だろう，筑摩書房，一二一〜一四三頁．
（8）中野区公立研究会（一九九九）私たちの午睡研究，現代と保育四七，ひとなる書房，二六〜四四頁．
（9）嶋さな江（二〇一八）異年齢保育と保育計画，前掲3），二一六〜二一七頁．
（10）清水玲子（二〇一四）いまは何するとき？　福祉のひろば五三一，大阪福祉事業財団，六四〜六五頁．
（11）金澤妙子（一九九三）食事の取り組みに見る子どもの主体性，金城学院大学論集一五一（人間科学編，十八），七三〜一二二頁．
（12）能勢ゆかり（一九九四）寄宿舎の「日課」と生活づくり，寄宿舎教育研究会，障害児の生活教育研究七．三七～四八頁．
(13)河原紀子（二〇〇四）食事場面における一～二歳児の拒否行動と保育者の対応―相互交渉のパターンの分析から．保育学研究四二（二）．八～一六頁．
(14)射場美恵子（一九九七）納得と共感を育てる保育．新読書社．三九～六〇頁．
(15)梅田優子・大場幸夫（一九九一）保育者が気になるこどもを捉える視点としての関係性について．日本保育学会大会研究論文集四四．二三四～二三五頁／梅田、大場（一九九四）同（三）．論文集四七、八六～八七頁．
(16)萩原元昭（二〇〇八）子ども自らが生活環境に参画することの可能性を探る．保育学研究四六（一）．二二一～二三二頁．
(17)清水民子（二〇一二）保育の「学校化」を問う．「季刊」一五五．八～一九頁．
(18)樋口令子（一九七〇）幼児教育の現状とその問題点．関西保育問題研究一〇〇、二頁．
(19)清水民子（一九七一）保育時間の組織化について．関西保育問題研究一〇一、二～三頁．
(20)清水住子（一九七五）子どもの生活と保育時間．保育の理論と実践．大阪保育運動連絡会．六八～八一頁．
(21)清水民子（二〇〇七）「保育時間と保育内容」分科会報告．「季刊」二二七．九五～九九頁．
(22)清水住子（一九七六）荒地に育つつくしんぼ．ささら書房．二一四～二一五頁．はじめに
(23)堺市立深井保育所（一九八五）保育計画の作成をめざして―研究指定園報告書．六～四〇頁．

第3章

保育時間と保育所運営

藤井　修

一．長時間保育利用率と人件費の関係

高齢者介護における要介護の等級を決めることと似ている仕組みが、新制度での「保育の必要量の認定」すなわち保育時間区分の設定です。

「短時間保育」利用は八時間までと、「長時間保育」利用を十一時間とする二区分を設けることになっています。国の保育料の仕組みでは、前者を「短時間」、後者を「標準時間」という名称にしています。「児童福祉施設の施設及び運営に関する基準」（厚生労働省令第六三号）では、保育時間は「八時間」（同省令第三四条）ですから、「標準」を十一時間にするという今回の新制度の区分

名称には、矛盾を覚えます。なぜなら、「八時間」を基準に様々な長時間保育対策が築かれてきた歴史があることと、子どもの社会的な保育時間を長くしすぎないという考えに、一定の根拠をもたせてきたからです。

保育園園長在職時に経験したことですが、京都市の二〇一四年度の入所申請に添付する就労証明書の様式が従来のものより、より個々の就労形態のパターンを把握しやすい様式に変わりました。何曜日に就労しているか、その日の労働時間はどのくらいかを詳しく書く形式になっていました。こうした形式の変更も、二〇一五年四月の新制度へ対応させるための動きとみてとれました。

保育料の負担をそれぞれ変えることで、短時間の利用者の利便性を高めるとも解説しています。その際、委託費・公定価格の設定も区分することになっていますので、運営に影響が出てくることは必至です。利用調整、つまり、入所選考の段階でもこれらの区分が指数化されることになっています。新制度の制定時、参議院の特別委員会では、次のような意見が付帯決議として述べられました。「保育を必要とする子どもに関する施設型給付、地域型保育給付等の保育単価の設定に当たっては、施設・事業者が、短時間利用の設定を受けた子どもを受け入れる場合であっても、安定的、継続的に運営していくことが可能となるよう、特段の配慮を行うものとすること」。

実は京都市の場合、従来から保育時間に連動する保育料の仕組みが実施されていました。保育者の加配についても長時間利用者の割合に連動したしくみが出来上がっていました。いわゆる京都市のプール制という人件費補助の自治体独自の仕組みです。ちなみに、二〇一二年度の市の年齢別の保育士一人当たりの子どもの定数を条例化する際、このプール制の配置基準をそのまま条例としました。その結果、〇歳児と二歳児は国基準ですが、括弧内のように幼児の定数が国の従うべき基準より高くなっています（〇歳児三対一、一歳児五対一、二歳児六対一、三歳児十五対一、四歳児二〇対一、五歳児二五対一）。

この定数をベースに一日の保育時間に配置する保育士の人数を計算します。午前八時三〇分から午後五時を通常保育時間とし、その前後の一時間ずつを特例保育時間、つまり長時間保育と設定しています。その特例時間の利用区分を三〇分単位で四区分設け、時間が延びると保育料が上がっていく仕組みです。その際、施設長が副申書を添えて保護者の特例保育時間利用または利用停止を認定することになっています。

その時間の利用率を一定の指数で算出し、その数字で保育士の加配に必要な人件費が求められる仕組みです。このしくみは、保護者の就労時間の変更と連動するため、特例利用数の指数が上下するたびに加配の数字が変化します。合理的な計算方法とはいえ、保育士を自在に雇用調整できる事情も確かでない昨今、保育時間の変更の申請が出るたびに毎度ひやひやします。ことに、保育利用時間が減る事例は、産休に入ったときや仕事がフルタイムからパートに変わったときですが、その申請が影響の大きくなる乳児の年齢で出ると堪えます。計算上、それまでの長時間の保育を提供するために配置した保育者の定数が減少します。その結果、配置した職員は残りますが、その分の人件費補助額は減額になる場合があります。保育時間の変動と人件費が連動する仕組みは、合理的な仕組みではありますが、保育を提供する側にとって不安定要素になります。

二．「子どもの最善の利益」を守れる保育時間を

新規入園募集に際しても、この特例時間の利用率が職員の雇用力に連動するわけですから、現状の配置基準を維持するため特例保育利用者を優先するよう福祉事務所に要請しています。京都市のプール制は、新制度に移行する過程で、この「特例保育」の名称と時間区分が変更されました。

先に説明した通常保育時間（八時三〇分から五時）を短時間利用（八時三〇分から四時三〇分）とし、特例保育時間（七時三〇分から八時三〇分と、五時から六時）を標準時間利用（七時から六時）に変更されました。長時間のための加配保育士の計算方法は、従前の特例保育利用数を基にする方法をそのまま使い、標準時間利用数で置き換え算出します。ただし、カバーすべき長保育時間が二時間から三時間へ拡大したことに伴い、保育士配置数を求める指数も〇・三から〇・三七五に変更されました。

六時以降の延長保育時間は、京都市の条例による保育時間ではなく、従ってプール制の対象範囲でもありません。国による三〇分、一時間、および二時間延長制度を、各園の保育利用状況に基づいて導入し運営しています。保育料が別に発生する直接契約になります。

いずれにしても、四〇時間労働制で働く保育士を、私の園での週七四時間の保育園開所時間（月曜日から金曜日七時から七時三〇分、土曜日七時から六時三〇分）に配置するためのシフト表は大変

に複雑で、休暇保障も絡んで、勤務時間を読み間違えての遅刻などが起きます。子どもとの安定的な関係をつくる上で、激しすぎる時差勤務やたくさんの細切れ短時間保育者の組みあわせは好ましい形ではありません。延長保育担当のパートタイム保育士の配置にも、努めて専任の形をとるようにしています。

「子どもの最善の利益を考慮する」という子どもの権利条約のことばを飾りことばにせず、二四時間の時間のどこをとっても、安定した生活環境を子どもに保障する責任がおとな社会にはあるのだと、この言葉を理解しなければならないと思います。おとなの就労時間の短縮が図られない限り、保育の長時間化による諸課題の根本的解決はあり得ません。

（季刊保育問題研究二六五号、二〇一四年掲載の「子どもの権利条約から日本の子ども施策を考える「どっちの道をいくのですか」より抜粋・加筆）

◆第4章◆

保育労働時間をめぐる問題

分科会運営委員

●はじめに

保育労働者の処遇については、近年、その低賃金が注目され、政策課題ともなり、若干の改善が図られたようですが、依然として「全産業一般労働者と比較して、保育士は低賃金層が多くを占める」と指摘されています（箕輪明子、二〇一八、保育白書一四九頁）。

本稿は、「保育時間」問題を取り上げる本書の性格上、「保育労働時間」の問題に焦点をあてて、最近の資料を紹介したいと思います。

手もとに全国福祉保育労働組合・健康対策部と福祉保育労共済会による『健康カレンダー二〇

一七』があります。未組織の福祉分野の労働者への組合からの呼びかけとして作成されたものと思われますが、本稿に役に立つことを願ってありがたくいただきました。

「福祉保育労共済は、あなたの働きすぎが心配です」が最初のメッセージ、続いて、「休憩」について、「休憩時間は、自分のために使いましょう」とあり、労働基準法一一九条の休憩規定の紹介と「……仕事を見直していきましょう！」「行事や会議、書き物……一つでも少しでも軽減できないか」「利用者と離れて外に出よう〜！」「子どもが昼寝をしている隣にいるのは休憩じゃないですよ」と、実質的な休憩時間を確保する努力の必要を訴えています。

「職場のとりくみ」として「ノー残業デー」の紹介があります。保育を含む福祉労働者の労働時間をめぐる主要な問題は「休憩」を取れるか、「残業」をなくすことができるか、にあるようです。

一・長時間保育と時差勤務の導入──一九八〇年代の実感

保育時間の延長にともない、保育職場の働き方には大きな変化がありました。いわゆる「九時五時」ではないにしろ、定時の出勤・退勤であった勤務時間帯に時差勤務がもちこまれたのです。全国保育問題研究集会の第二〇回研究集会（一九八一年二月）、「保育者の生活と権利」分科会の提案、岡本憲明（京都保問研）「時差勤務と保育労働者の労働・生活」が、当時は園長として人事管理にも悩みつつ、その問題を詳細に分析しています（季刊保育問題研究七五号、一三二〜一三八頁）。

「京都市内の私立保育園の保育者約二〇〇〇人のうち、時差勤務を行っている者の割合は一九七七年度七四・五パーセントが一九八〇年度には九一・四パーセントに達している」状況を背景に分析されたものです。

子どもの在園状況・保育者の数・園の日課と時差勤務の段階の多さ

まず、「保育所における時差勤務の形態は、①その園の保育時間およびその時間中における子どもの在園状況、②保育労働者の数と労働時間に規定される」、そして①と②との関係は、「保育時間が長くなればなるだけ、またその時間中に在園する子どもの数が増えれば増えるだけ、時差の段階は多くなる」、「保育者の数が増え、労働時間が短縮されるほど、時差の段階は多くなる」、「長時間保育の対象児童が増えれば、ある一定の比率で保育労働者の数も増えるが、時差が細分化されるから、各時間帯に配分される保育者の数は必然的に減少」し、「労働時間が短くなった分だけ労働の強化をもたらす」としています。

「さらに時差は、子どもの登降園の状況よりも、子どもの生活リズム＝日課により規定される」、「このことが各時間帯における労働の量・質を不均等にする」、たとえば、ある園で「午後四時以降子どもは一向に減らないのに、保育者は三〇分刻みで自動的に引き上げていく、午後五時半の時点で子どもは九割近く残っているのに保育者は三分の一に減り、五時半以後は、〇歳から五歳児まで二四名を二人の保育者で保育にあたらなければならない」実態を示しています。

「複数担任は、保育計画や行事の立案など、ことあるごとに担任どうしの打ちあわせや会議を必要とするから、新たな労働が付加される」とも述べ、「時差の段階の多いところほど超勤が増えている」という資料も示しています。また、「保護者との懇談会、家庭訪問、職員会議や研修、行事の準備など」、「超勤が夜間に及ぶという特殊な事情もかかわってくる」といいます。

時差勤務と保育労働者の権利の制限

ここでは、「休暇の制限」（時差のローテーションをくずさない配慮が必要）、「研修権を抑える」（労働時間内での保障が難しい）、「団結権」（組合活動が困難）、「働きつづける権利を侵害」（家庭生活との両立困難）をあげています。

時差勤務と保育者の健康

京都市でおこなわれてきた保育者の職業病検診（特殊健康診断）一九七八年結果表より「職業病と長時間保育・時差出勤はかなり密接な関連があることが明らか」と述べ、「職業病にとっては労働時間の大小よりも時差勤務という勤務形態、およびそこから派生する労働過重がより強い因子として働いている」と推測しています。

時差勤務と保育者の生活

早出勤務と遅出勤務の生活サイクルを比較し、独身者のばあいは「自分で自由にできる時間が多いほど、勤務時間が逆に生活を支配し、生活リズムを偏向させる傾向」（早出の時は朝食抜きなど）を指摘、家族のいるばあいは「本人だけでなく、家族全体の生活に影響を及ぼしている」（早出と遅出とでは子どもの夕食時間と就寝時間に一時間のずれ）ことを指摘しています。

大幅な増員による労働密度軽減と男女平等賃金を

「大幅な増員による労働時間の短縮」「複数担任制の普遍化」「パートの導入もやむをえない」「休憩要員・休暇要員の充実」という労働条件改善にあわせて、「男女平等の課題」（低賃金・家事労働負担）をあげています。

この時代、京都市においては、夕方の保育は多くが十八時まででした。朝八時からの一〇時間保育が典型で、七時から保育する園が少数ありました。「原則八時間」から二時間の延長でも、このように時差勤務の影響が顕著であったことに、現在のさらに一～二時間の延長が多数となり、夜間保育も少なくない状況からは逆の驚きもあるかもしれません。

岡本の指摘した問題点の一つひとつがどのように改善されて、現在の長時間保育が支えられているのか、検討を求められているといえるでしょう。

二．保育労働実態調査（愛知県）から

箕輪明子は『保育白書二〇一八』所収の「保育政策と保育士処遇の現状」（一四六頁～）のなかで、「愛知県保育労働実態調査」（以下「愛知調査」と略記、二〇一七～一八年箕輪他実施、約一〇〇

〇〇人対象、正規職員回答五三三五人）にもとづいて、保育労働時間について論じています。「就業構造基本調査二〇一二」によれば、「週労働時間四三時間超」は女性労働者一般では三六・八パーセントに対し、社会福祉施設専門職業従事者（女性）では四二・四パーセントと「時間外労働が多い」傾向が示されています。

上記「愛知調査」速報値による箕輪の分析を引用します。

基幹的業務を時間外労働で行うことが常態化している

調査結果から、時間外（勤務時間前、勤務時間後、休憩時間中）に業務を行っている実態が示されました（箕輪、二〇一八『保育情報五〇三』よりデータを補充して記述）。

・過去一ヵ月の勤務時間前業務は七四・五パーセント、勤務時間後業務は八七・七パーセント。

・週三日以上の勤務時間前業務は五八・六パーセント、勤務実感後業務は六八・九パーセント。

・休憩が「すべての時間自由」十八・九パーセント、残りは仕事。「休憩なし・休憩三〇分以下」六三・七パーセント。

・勤務時間前に行った業務内容は、「保育準備」六三・八パーセント、「たまっている事務」五二・八パーセント、「保育室等の環境整備」四九・七パーセント、「鍵開け」四七・五パーセント、「行事準備」四一・六パーセント、「着替え」四一・五パーセント、「ゴミ出しや掃除」四一・五パーセント。

・休憩時間中に行った業務の内容は、「おたより帳記入」五一・三パーセント、「保育記録」四八・

七パーセント、「保育準備や片付け」四三・一パーセント、「行事の準備」三九・一パーセント、「週案月案づくり」三三・五パーセント、「打ちあわせ」二八・〇パーセント。
・勤務時間後に行った業務内容は、「会議や打ちあわせ」五四・八パーセント、「行事の準備」五三・二パーセント、「翌日以降の保育準備」四六・二パーセント、「保護者対応」四四・一パーセント、「保育室等の環境整備」四三・〇パーセント、「週案月案づくり」三九・七パーセント、「保育記録」三九・七パーセント、「保育室等の後片づけ」三六・八パーセントとなっています。
いずれも保育活動に必要な仕事で、これらが時間外におこなわれるということは、勤務時間内に子どもと向きあう仕事の過程がいかに過密であるかを示すものです。
・これらの超勤は未払いが多く、未払い時間の平均は四・二時間。
・手当の支払われた比率は勤務時間前について一・八パーセント、勤務時間後について八・九パーセント。
・職場慣習、労働時間管理の問題として、「残業申請の習慣なし」四一・五パーセント、「申請できない業務」三三・七パーセント。

持ち帰り仕事も多い

職場内での時間外労働だけではありません。

「持ち帰り仕事」については、以下のような資料があります。「愛知調査」では七五・六パーセント、小尾晴美が北海道道北地域で行った「道北調査」（分析数一〇五五人）では五二・七パーセント、日本保育協会による全国調査（分析数一五六四人）によれば五一・四パーセントという実態です（引用は箕輪論文による）。

長すぎる労働時間・過密な労働密度——ストレス強く、職業継続への見通しを弱める

「愛知調査」で「業務量・労働時間をどう感じるか」という質問に対して、

・「労働時間が長すぎる・やや長いと感じる」六六・九パーセント、

・「労働密度が過密すぎる・やや過密すぎる」八四・六パーセント、

・「ストレス（仕事に対する強い不安・悩み・ストレス）」六七パーセント（仕事量四八・七、人間関係三五）、

・職業継続の見通しをきく「今の職場で今の仕事を続けたい」四九・九パーセント、「迷っている」二四・九パーセント、「やめたい」五・七パーセント、「およそ三割で就業継続が不透明」と分析。

・仕事と妊娠・出産・子育てとの両立については、困難を「感じる」「やや感じる」八〇・七パーセント。

これらの実態に対して、施策側は保育士配置の引き下げにつながる「企業主導型保育事業」（二〇一六年）や「地方裁量型認可化移行施設」（特区）の導入や規制緩和策「朝夕の保育士二名配置の弾力運用」（二〇一六年省令）などで対応し、業務軽減・労働時間削減には未着手であると批判しています。

（文責　清水民子・清水玲子）

保育指針などにおける「生活づくり」のとらえかた
―「生活時間」「生活リズム」「見通し」などの語を手がかりに―

分科会運営委員

●はじめに―幼児期の育ちに関するガイドライン統合の方向のなかで

「保育所保育指針」、「幼稚園教育要領」、「幼保連携型認定こども園教育・保育要領」は、いずれも二〇一七年三月三一日に告示、二〇一八年四月一日に施行されました。幼児教育の一本化をうたってきた「子ども・子育て新制度」は、保育内容政策としての理念を、この三つの主要なガイドラインのなかに、「幼児教育を行う施設として共有すべき事項」（保育指針）として「育みたい資質・能力」（三項目）と「幼児期の終わりまでに育ってほしい姿」（一〇項目）を掲げています。これについて総括的に論じることはしませんが、私たちが問題意識としてきたことは、そのなかにどのように位置づけられるでしょうか。
まず、前者（資質・能力）では、三項めの「……よりよい生活を営もうとする『学びに向かう力、人間性等』」があたるでしょう。
後者（育ってほしい姿）では、第一項目「ア　健康な心と体　保育所の生活の中で充実感をもって自分のやりたいことに向かって心と体を十分に働かせ、見通しをもって行動し、自ら健康で安全な生活をつくり出すようになる」が該当するでしょう。

一．保育所保育指針の「保育時間」「生活のリズム」などに関する記述

「保育時間」「生活時間」に関する記述

―［**第一章　総則・1　保育所保育に関する基本原則**⑵保育の目標ア］「保育所は、子どもが……、その生活時間の大半を過ごす場である」―

―［同・3⑴イ］「全体的な計画は、子どもや家庭の状況、地域の実態、保育時間などを考慮し、……適切に作成されなければならない」―

ここでの記述は保育所での「生活時間」の相対的長さと、「保育時間」を考慮して保育の計画がつくられるべきことの指摘にとどまっています。

重視される「生活のリズム」

保育指針には「生活のリズム」についての記載が多くみられます。

―［**第一章**　総則・**1**　**保育所保育に関する基本原則**⑶保育の方法イ］「子どもの生活のリズムを大切にし、……」―

―［同・**2**　**養護に関する基本的事項**⑵ねらいア生命の保持(イ)内容③］として、「……また、家庭と協力しながら、子どもの発達過程等に応じた適切な生活のリズムがつくられるようにする」―

―［同・**3**⑵エ］には「一日の生活のリズムや在園時間が異なる子どもが共に過ごすことを踏まえ、活動と休息、緊張感と解放感等の調和を図るよう配慮すること」―

―［同・**3**⑵オ］「午睡は生活のリズムを構成する重要な要素であり、安心して眠ることのできる安全な睡眠環境を確保するとともに、在園時間が異なることや、睡眠時間は子どもの発達の状況や個人によって差があることから、一律とならないよう配慮すること」―

―［同・**3**⑵カ］「長時間にわたる保育については、子どもの発達過程、生活のリズム及び心身の状態に十分配慮して、保育の内容や方法、職員の協力体制、家庭との連携などを指導計画に位置付けること」

―［**第二章**　保育の内容・**1**　**乳児保育に関わるねらい及び内容**⑵ねらい及び内容ア(ア)③］「食事、睡眠等の生活のリズムの感覚が芽生える」―

―［同・**1**⑵ア(イ)④］「一人一人の生活のリズムに応じて、安全な環境の下で十分に午睡をする」―

―［同・**2**　**一歳以上三歳未満児の保育**……⑵ア(イ)②］「食事や午睡、遊びと休息など、保育所における生活のリズムが形成される」―

―［同・3　**三歳以上児の保育……**(2)ア(イ)⑥］「健康な生活のリズムを身に付ける」―

これらの記述のなかの「生活のリズム」の意味は主に二つあると思われます。

一つは、子ども個別の生活リズムで乳児期の睡眠のリズムのように、成長の時期による変化と個性的リズムがあり、それは尊重されるべきだとされます。

もう一つは、「適切な生活のリズム」「健康な生活のリズム」という保育の目標にかかわるとらえ方で、保育のなかで「形成」されるべき方向性を示すものです。

「規則正しい生活」といった押しつけは避けられているものの、一般に「早寝早起き朝ごはん」のスローガンに表わされるような価値観は、潜在していると思われます。


「見通し」と「主体的な活動」


―［**第一章**　総則・1(3)オ］「子どもが自発的・意欲的にかかわれるような環境を構成し、子どもの主体的な活動や子ども相互のかかわりを大切にすること。……」―

―［**第一章・4　幼児教育を行う施設として共有すべき事項**］(2)幼児期の終わりまでに育ってほしい姿ア健康な心と体］「保育所の生活の中で、充実感をもって自分のやりたいことに向かって心と体を十分に働かせ、自ら健康で安全な生活をつくり出すようになる」―

―［**第二章・3　三歳以上児の保育……**(2)ア(ア)③］「健康、安全な生活に必要な習慣や態度を身に付け、見通しをもって行動する」―

―［同・３⑵ア(ウ)⑤］「基本的な生活習慣の形成にあたっては、……主体的な活動を展開する中で、生活に必要な習慣を身に付け、次第に見通しをもって行動できるようにすること」―

子どもの「主体的な活動」を大切にすることは、「意欲」「積極性」「創造性」を重視する現代社会では広く認められる価値観です。そして、幼児期には一日の生活の流れや何日か後のことを見通す（予測、予期する）力もつき、いつか訪れる特定の行事やできごとを待ち望んだり、そのとき起こることを想像したりできるようになります。「見通し」をもって行動できることを記載し、生活への「見通し」を育てることは大事です。しかし、この語があらわれる箇所がいずれも「健康」の領域にかかわり、「生活習慣」に関連しているのは、子どもが進んで手を洗う、歯をみがく、かたづける……など、期待されるのはおとなにとって都合よく動いてくれる姿ではないかと思われる記述です。

よりよく子どもの意志や願望が生活のなかで実現するような「見通し」や「主体性」を尊重し、勇気づけていきたいものです。

家庭との連携

―［**第四章　子育て支援・２　保育所を利用している保護者に対する子育て支援**⑵保護者の状況に配慮した個別の支援ア］「……保護者の状況に配慮するとともに、子どもの福祉が尊重されるように努め、子どもの生活の連続性を考慮すること」―

保育園での生活が長時間化するなかで、家庭での生活時間が余裕のないものとなり、無理な時間帯での朝食や夕食、睡眠時間の不足など、子どもの健康や活動意欲にも影響を及ぼしかねない状況が多く生まれています。保護者のニーズを受けとめつつ、「子どもの福祉」を尊重する「子育て支援」は現実には重く、「子どもの生活の連続性」のためには多くの課題があることを私たちは本書で見てきました。

二、幼保連携型こども園教育・保育要領のばあい

ここでは「こども園要領」と略します。「内閣府・文部科学省・厚生労働省告示第一号」である本要領は、「一日の教育課程に係る教育時間は、四時間を標準とする」「保育を必要とする子どもに該当する園児に対する教育及び保育時間（中略）は、一日につき八時間を原則とし、園長がこれを定める。ただし、その地方における園児の保護者の労働時間その他家庭の状況等を考慮するものとする」と教育・保育時間を定めています。

「生活の流れ」「生活の連続性及びリズム」

―［**第一章**　総則**第２**・２⑵イ㈦］「園児の行う具体的な活動は、生活の流れの中で様々に変化するものであることに留意し、園児が望ましい方向に向かって自ら活動を展開していくことができるよう必要な援助をすること」―

―［同・**第３**・２］「園児の一日の生活の連続性及びリズムの多様性に配慮するとともに、保護者

の生活形態を反映した園児の在園時間の長短、入園時期や登園日数の違いを踏まえ、園児一人一人の状況に応じ、教育及び保育の内容やその展開について工夫をすること。特に入園及び年度当初においては、家庭との連携の下、園児一人一人の生活の仕方やリズムに十分に配慮して一日の自然な生活の流れをつくり出していくようにすること」――

〔同・第3・3(2)〕「在園時間が異なる多様な園児がいることを踏まえ、園児の生活が安定するよう、家庭や地域、……こども園における生活の連続性を確保するとともに、一日の生活リズムを整えるよう工夫をすること。特に、満三歳未満の園児については睡眠時間等の個人差に配慮するとともに、満三歳以上の園児については集中して遊ぶ場と家庭的な雰囲気の中でくつろぐ場との適切な調和等の工夫をすること」――

〔同・4(3)〕「一日の生活のリズムや在園時間が異なる園児が共に過ごすことを踏まえ、活動と休息、緊張感と解放感等の調和を図るとともに、園児に不安や動揺を与えないようにする等の配慮を行うこと。その際、担当の保育教諭等が替わる場合には、園児の様子等引継ぎを行い、十分な連携を図ること」――

〔同・4(4)〕「午睡は生活のリズムを構成する重要な要素であり、安心して眠ることのできる安全な午睡環境を確保するとともに、在園時間が異なることや、睡眠時間は園児の発達の状況や個人によって差があることから、一律とならないよう配慮すること」――

〔同・4(5)〕「長時間にわたる教育及び保育については、園児の発達の過程、生活のリズム及び心身の状態に十分配慮して、保育の内容や方法、職員の協力体制、家庭との連携などを指導計画に位置付けること」――

「保育所保育指針」との微妙な用語や表現（「生活の流れ」など）の違いはありますが、子どもによって異なる「教育・保育時間」、個別の「生活のリズム」（睡眠を特記）など、子どもへの配慮を強調しつつ、「適切な生活のリズム」（同・5(1)ウ）がつくられるよう方向づけている点では基本的に共通項が多いといえます。

子どもの生活リズムを大事にする保育日課とは

「幼保連携型認定こども園」は、幼稚園型の「四時間」を望む家庭と長時間の「保育」を必要とする家庭と、大別して二群の子どもたちを一つの施設で「教育・保育」するとしています。四時間の活動を共にし、そこで降園する子ども群と園での生活を続ける子ども群に分かれます。降園には、親たちの迎えがあったり、バス乗車があったり、ひとしきり緊張を要する、混乱を含んだ時間が生じます。このような節目の時間と午前から午後の時間帯へ、夕方へと連続的な「生活の流れ」とをどう共存させるのか――?。上記にみるように、「こども園要領」では、ことばを尽くして「在園時間が異なる多様な園児がいることを踏まえて……」と保育者に配慮と工夫を要求しています。

すでに幼稚園と保育園を統合するなどの形で「こども園」がスタートしている所では、現実にぶつかっている大きな課題です。「個」を尊重して配慮をと強調していますが、実際は「群」に分けて対処するしかないので、「個」は無視され、「一斉」の動きが複数ぶつかり、子どもにも、保育者にも大きなストレスが課されていると想像されます。

保育の必要な時間帯と生活リズムを共有する子ども集団の、それぞれの「生活の流れ」をつくり出し、無理なく、心地よくすごしていけるよう、クラス編成や保育室の位置関係も含めての保育実践計画が必要です。

三 幼稚園教育要領のばあい

文部科学省告示第六二号として、二〇一八年四月一日施行された新要領は［総則第3・3(3)］に「幼稚園の一日の教育課程に係る教育時間は、四時間を標準とする」と定め、［同上4(2)］に「入園当初、特に三歳児の入園については、家庭との連携を緊密にし、生活のリズムや安全面に十分配慮すること」とあり、園生活初期については、それまでの家庭生活で身についた個人の生活のリズムへの配慮に触れています。

「生活のリズム」「活動への期待・意欲」「見通し・振り返り」

―［同・第4・3(1)］「……週、日などの短期の指導計画については、幼児の生活のリズムに配慮し、……」―

―［同(4)］「幼児が次の活動への期待や意欲をもつことができるよう、……遊びや生活のなかで見通しをもったり、振り返ったりするよう工夫すること」―

―［第二章（ねらい及び内容）健康2⑹］「健康な生活のリズムを身に付ける」―

―［同⑻］「幼稚園における生活の仕方を知り、……見通しをもって行動する」―

―［同3⑸］「基本的な生活習慣の形成にあたっては、……主体的な活動を展開する中で、……次第に見通しをもって行動できるようにすること」―

―［同・言葉2⑶］「したいこと、してほしいことを言葉で表現したり、……」―

以上のように、「保育指針」や「こども園要領」とも共通して「生活のリズム」や「見通し」への言及がみられます。「見通し」とともに「振り返り」への言及があることも注目されます。ただ、これも共通しているのは、「健康」領域で「健康な生活のリズム」や「見通しをもって行動」が記述されており、子どもに期待されているのは、いわゆる「生活習慣の自立」であり、その一環としての生活時間への自覚なのかと思われます。一方で、「言葉」領域に「したいこと、してほしいことを言葉で表現」することがあげられているのは、子どもの「意見表明権」にもとづく自らの「生活づくり」への意思表示のうながしととらえることができるでしょうか。

幼稚園での保育時間延長、「預かり保育」と呼ばれて開始された「教育時間終了後……希望する者を対象とする」活動については第三章に「⑴幼児期にふさわしい無理のない」、「⑵教育活動の計画を作成……多様な経験ができるように」、「⑶家庭との緊密な連携」、「⑷……幼児の生活のリズムを踏まえつつ」、「⑸適切な責任体制と指導体制を整備」しておこなうと規定されています。

（文責　清水民子・横井洋子）

◆あとがき◆

保育所保育のあり方における本質的で今日的課題「保育時間と保育内容」

本書は、全国保育問題研究集会の「保育時間と保育内容」分科会の背景と歩みを初めて全体的に振り返り、日本における保育時間の問題の全貌をとらえようとした画期的な試みです。一九七二年に本分科会が設置されたのは、当時の保育所の保育時間が八時間労働と職場との通勤時間を保障するものではなかった時代に、もっと長い時間の保育を実現するためにはこの問題をどこから考え、なにを運動の課題とし、保育としてどのようなことを深めていく必要があるのかを保育問題研究協議会として議論し、提起していこうとするものであったと思われます。分科会創設にむけての清水民子さんの提起は、保育時間を長くすることが、保育労働をさらに過酷にし、保護者にさらなる経済的負担を与え、そして、子どもにとっては正規の保育時間と切り離されて「長い待ち時間」としていらいらした、不安な時間になってしまうこととしてしか存在できない現状に対して、しっかり問題提起をしていこうとするものでした。とくに、子どもの立場から、一日のデイリープログラムがどうあるべきか、子どもの一日の生活は、二四時間を通して保障されなければならないという視点が出され、当時としての問題提起の先駆性が見て取れます。

このように保育時間を保育内容と結びつけて、しかも保育労働や保護者の労働実態を含めて現場で起こっている現実を出しあいながら四七年間歩んできた分科会の内容を、具体的に、しかもただ振り返るのではなく、日本の保育問題や労働問題として論じようとする視点が本書で貫けたとすれば、四七年前にこの分科会の必要性を訴え、本分科会の創設にかかわった清水民子さんが、本書の企画、執筆に加わったおかげだと思います。そして、愛知の河本ふじ江さんとともに分科会運営を続けてこられたおかげです。

半世紀近くにわたるこうした歩みを現在の課題と結びつけて語れるには、その歩みをひもとかなくてはなりませんが、当事者としてもっとも中心になってかかわっていた人自身によってこのことがなされるのは、もっとも有効な方法ではありますが、じつはなかなかできないことだと思うのです。清水民子さんが、回顧することをあえて避けて、現在につながる課題を共有することを目的としてあくまで現在の運営委員の一人として取り組んでいる姿勢に、保育研究運動を担ってきた方の誠実さと研究運動への情熱をあらためて見せられた思いです。

保育問題を現実として正面から受け止め、夜間を含む長時間保育を始めた東京のしいの実保育園や、愛知のかわらまち保育園、大阪のおおぞら保育園、こばと保育園、仙台のことりの家保育園などは、その時々に何を悩み、どこで工夫をしているか、などを提案してくださいました。この問題の先駆的な取り組みの苦労がそこからは見て取れますが、そのなかで、どの園も、子どもにとっての一日、とくに夜間を含む夕方からの時間を保育としてどのように位置づけ、実践するかをいつも語ってくれました。

筆者たちが分科会の運営にかかわるようになったころは、そうした先駆的な長時間の実践と、一方で夕方六時までの保育時間を夕方七時まで延ばすことについての不安とが同時に出されていた時期かと思います。保育者の生活がただでさえ保障されていないなかで、遅番のシフトがこれ以上入ったら、やっていけないという職員の慎重論に対して、でも、これまでの保育時間では働き続けられない保護者たちの生活、そのなかで、子どもが二重保育を受けている実態などから、やらなければ、という使命感で実施を決めようとする園長との意見が折りあわず、合意なきままの出発で、何人もの園長から「延長保育は園長がやる!」という標語? まで飛び出した分科会になった年もありました。それらの全国で実践していての悩みや課題をまとめたのが第Ⅱ部です。

そうしたなかで、きわめて早い時期からきわめて夜遅い時間までの保育を悩みながらずっと続けてきたかわらまち保育園(現在はかわらまち夜間保育園と併設という形になっている)の保育実践の提案は、本分科会にとって、なくてはならない存在として、ときには七時までの延長に迷っている参加者たちを驚かせ、ときにはやはり夜遅くまで保育している園と工夫の情報交換にもなりました。現実に、子どもたちは、そうした保護者の生活のなかで日々育っていること、そこから保育時間と保育内容の問題は出発しなければならないことを常に思い返させてくれる存在です。本書では、そのかわらまち保育園の保育のありようを第Ⅰ部にまとめて掲載しています。

さらに、実践から浮き彫りになってくる課題を、子どもの発達論、保育計画における日課などの問題、保育職場の運営と労働条件の視点から研究的に論じています。参加していただいた方たちに感謝します。

この間、認定こども園における保育時間の大きく異なる子どもたちをいっしょに保育していくときの悩みと工夫なども出され、分科会でも少しずつ論議され始めています。

また、休日、祝祭日の保育などについても、この分科会に悩みなどが出されています。

「保育時間と保育内容」というテーマは、保育所保育のあり方における本質的で今日的な課題として、社会的にもっとも矛盾の多い、したがって困難や悩みのたくさん出てくる内容を扱っているのですが、これらは、どんな問題であるのかを提起し、意識化しないと当事者たちがこのテーマで議論することが難しいという特徴があるように思います。多くの方たちが参加し、いま抱えている問題がどのようなものであり、どこにそれを突破していく道がつくれるのか、ぜひいっしょに模索していく分科会でありたいと思いますし、本書がそのきっかけになればありがたいと思います。

「保育時間と保育内容」分科会運営委員　清水玲子・横井洋子

（資料）　全国保育問題研究集会「保育時間と保育内容」分科会提案・保問研別

所属	園（団体・地域）・年次
北海道	幌北ゆりかご 1995 札幌市しせいかん 2014 カムキッズ 2017
仙台	あかつき 1982 ことりの家 1998, 2002
群馬	ももの木 1985
北埼玉	ゆずの木 1980
南埼玉	延長保育研究部会 1999 南埼玉保問研 2000
東京	労働者クラブ 1983 しいの実 1990
岐阜	京町 1974 中津川 1985
静岡	浜松 1981
愛知	岩倉 1972, 79, 87 名古屋乳児部会 1974 尾張 1978 池内わらべ 1980 西春日井 1981 瓦町共保 1987～89 かわらまち夜間 1990, 91, 93, 94, 97～2003, 05～09, 11～17, 19 みよし 1992 第２めいほく 1995 名東 1997 たんぽぽ 2004, 10 田代 2017
三重	四日市 1982
滋賀	滋賀保問研 76
京都	山科・つくし 1974 西七条 1975 京都保問研 1976 洛西 1977 京都市立 1980 生活実態調査委 1981 たかせ 1987 風の子 1989, 2006 たかつかさ 1994～96, 2003 白い鳩 2004 さつき 2007 朱い実 2010
大阪	蛇草 1972 枚方たんぽぽ 1983 麦の子 1986 新金岡センター 1994 岸和田 1995 深井 1996 今福 1997 ほづみ 1998 吹田こばと 1999, 2008, 15 おひさま 2000 いづみ 2001 吹田藤白台 2002 おおぞら夜間 2003, 04, 06, 07, 19 大阪市立 2005 吹田南千里 2009 ひまわり 2010 上野芝陽だまり 2011 久宝寺 2013, 14 泉佐野 2018
兵庫	太陽の子 1984 尼崎ひまわり 2011, 18
岡山	あゆみ 1984 白鳩 1986, 87
広島	福山いずみ幼 2001 共立ひよこ 2012
愛媛	1979（西原）
高知	さくら 1994
福岡	杉の子 1996, 2000 ちどり 1998
熊本	菊陽ぽっぽ 2019
大分	たんぽぽ 1987

1972～2019 年（1973 年設置なし）47 回開催　提案総数 113 件

分科会世話人・運営委員：河本ふじ江・河野友香・清水民子・清水玲子・横井洋子
旧世話人・運営委員：射場美恵子・宮里六郎
（分科会の運営について、世話人の名称から現在の運営委員の名称に変更）

浜松保育問題研究会

春田　洋子（福岡保育問題研究会・杉の子保育園）

藤井　　修（京都保育問題研究会・たかつかさ保育園）

松岡　純子（大阪保育問題研究会・久宝寺保育園）

三高真由子（愛知保育問題研究会・かわらまち保育園）

南埼玉保育問題研究会

山本　直美（京都保育問題研究会・朱い実保育園）

＊ 横井　洋子（北海道保育問題研究会）

吉崎　貴恵（愛知保育問題研究会・田代保育園）

吉田真理子（三重保育問題研究会・三重大学）

＊ 渡邉　保博（京都保育問題研究会・佛教大学）

和田　恭一（大阪保育問題研究会・いづみ保育園）

（五十音順、所属と姓名は、原稿執筆当時のものです。＊印は本書編集委員）

執筆者一覧

浅野　直樹（兵庫保育問題研究会・尼崎ひまわり保育園）
池田なおみ（京都保育問題研究会・京都市公立保育所）
浮田　真理（兵庫保育問題研究会・尼崎ひまわり保育園）
大塚　俊明（愛知保育問題研究会・かわらまち保育園）
岡　千加雄（大阪保育問題研究会・おおぞら夜間保育園）
＊　河本ふじ江（愛知保育問題研究会）
京都保育問題研究会生活実態調査委員会
小泉　真子（京都保育問題研究会・風の子保育園）
＊　河野　友香（愛知保育問題研究会・かわらまち保育園）
小松　ゆり（しいの実保育園）
後藤　智樹（北海道保育問題研究会・カムキッズ保育園）
坂本　愛宣（兵庫保育問題研究会・尼崎ひまわり保育園）
＊　清水　民子（京都保育問題研究会・元平安女学院大学）
＊　清水　玲子（東京保育問題研究会・元東洋大学）
代田　悠貴（愛知保育問題研究会・かわらまち保育園）
須藤智代子（京都保育問題研究会・たかつかさ保育園）
高橋　克典（愛知保育問題研究会・かわらまち保育園）
田中　和子（仙台保育問題研究会・ことりの家保育園）
中津川保育問題研究会
中山　久美（大阪保育問題研究会・こばと保育園）
西山　民子（大阪保育問題研究会・深井保育所）
萩原　美香（福岡保育問題研究会・杉の子保育園）
長谷川育美（兵庫保育問題研究会・尼崎ひまわり保育園）

全国保育問題研究協議会（全国保問研）

この会は、保育問題を自主的に研究する団体が、相互に連絡・交流をはかるとともに保育実践に根ざした民主的・科学的保育研究運動を協力共同して推進し、子どもの発達保障・親の労働権保障に寄与することを目的とします。

事務局・東京都文京区本郷5-30-20　サンライズ本郷7F

（保育問題研究シリーズ）

子どもの生活と長時間保育
～生活のリズムと日課～

2019年9月1日　初版1刷

編　者　全国保育問題研究協議会

発行者　伊集院　郁夫

発行所　㈱新読書社

東京都文京区本郷5-30-20

電話　03-3814-6791

組版　藤家敬　　印刷／製本　㈱Sun Fuerza

ISBN978-4-7880-2147-1